売上が半分になっても慌てない！

中小企業の資金繰り

徳永貴則［監修］
資金繰りを支援する士業の会［共同監修］
エッサム［著］

あさ出版

まえがき

会社の維持継続において、最も重要なことは何でしょうか。売上や利益も大事ですが、何より重要なのは現金です。ところが会社では、帳簿上は現金があるのに支払いには使えないようなことが起こります。いわゆる「勘定合って銭足らず」の状態です。

このような状況を事前に察知し、対応するのが資金繰り。「資金繰り表」を作成し、資金繰りをしっかり見ていけば、資金がショートする（入金より支払いのほうが早く、もしくは多くなり、支払えない状態に陥ること）ような事態が想定されても対応できます。このことを一般に、「資金繰りを回す」などといいますが、資金繰りが回らなければ会社の維持継続はできません。いくら売上や利益が出ていても、資金繰りが回らなければ会社は破綻、自主的に廃業するか倒産せざるを得ないのです。

本書は２０１６年６月に刊行された『会社の資金繰り　絶対！　やるべきこと　知っておくべきこと』（あさ出版）をベースに、新たに新型コロナ禍を経験した、より厳しい経営環境下においても資金繰りを円滑に回すべく、大幅に加筆・修正を加えて作成いたしました。

とはいえ、その根幹をなすツールは変わらず「資金繰り表」です。これは法令によって義務づけられているものではなく、各社各様に作成してよいものです。それだけに、実際に資金繰り表を作成している中小企業はほとんどありません。会社の維持継続において最も重要な資金繰りにおいて、その現状を理解し、予想して対策を立てるためのツールを持っていないのです。

ぜひ、本書を参考に、中小企業の経営者、経理・会計責任者の皆さんは資金繰り表を作成し、確かな資金繰りのためのツールを手に入れてください。まったく作成してこなかった会社では、最初は「いま現金がいくらあり、いつ、いくら入金と支払いがあるか」がわかるシンプルなものでかまいません。そのシンプルなものを自社の取引の実情に応じて充実させていくのです。

資金繰り表をもとに資金管理する体質が実現できれば、その会社にはさまざまな変化が起こります。資金をより有効に使えるようになりますし、逆に売上や利益が大幅にダウンするようなときにも、事前にそれを予測し、対応策を打てるようになります。

取引銀行も資金繰りがしっかりできている会社と評価してくれます。取引先も同様です。より円滑で安定的な銀行取引、企業間取引、お客さまとの良好な取引が実現するのです。
昨今は新型コロナ感染症の影響などもあり、業績が大幅に落ち込んでいる会社も多くあります。そうした場合も、これから半年・1年先の資金繰りを見極めつつ対策が打てるようになります。

経営は現金に始まり、現金に終わる。まさに、現金は会社の活力の源です。資金繰りのよい会社になれば、より事業に専念でき、会社の雰囲気も明るくなります。本書が中小企業の経営者・経理会計の責任者の皆さんのお役に立ち、皆さんがより事業に専念し、明るい会社にできることを願ってやみません。

2020年11月

資金繰りを支援する士業の会

第2章 資金繰り表をつくって使いこなす!

第3章 資金リスクに強い会社をつくる!

第5章 資金繰り表を活用した対銀行交渉のポイント …… 177

第6章 ウィズコロナ・ポストコロナの資金繰り

第1章

中小企業は「現金＞利益＞売上」の順で重視する!

「黒字なら会社がつぶれることはない。黒字のうちは安心だ」、そう思った経営者は気をつけてください。

利益が出ていても、会社がつぶれるケースはたくさんあるのです。会社が倒産するのは「赤字が膨らんだとき」ではなく「現金がなくなったとき」です。

まず、利益よりも現金が大事であることを理解していただくために、資金繰りの重要性について見ていきましょう。

01

経営者のいちばんのストレスは「資金繰り」である

経営者は多くの場合、常に「資金繰り」に頭を悩ませています。わかりやすいように、起業を例に考えてみましょう。会社を設立するには開業準備金が必要です。しかし、全額を自分の貯金等で用意することはむずかしいため、多くの人が銀行に融資を申請します。

融資の審査に通るには、銀行の担当者を説得しなければいけません。経営者はみな、会計の基礎知識を一生懸命学び、会社の資金繰り計画について念入りに考えたことでしょう。

「開業資金の一部は用意できましたが、開業したあと、売上が立つまで最低3カ月かかるので、事業継続のための人件費や家賃……合計3000万円のお金が必要です」

このように具体的な数字を提示しながら、筋が通った説明ができれば、融資を受けられる可能性が高まります。

融資が決定して多額の資金を手に入れたときは「これで事業を始められる。どんどん利益を出して借金を返していくぞ！」と、前向きな気持ちでスタートラインに立ったはず。多くの会社は、開業直後は十分な資金があります。その後、計画どおりに事業を進めていけば、問題なく資金は回っていくはずです。

多くの経営者が開業早々、思わぬ資金難に直面する

開業当初は潤沢な資金があるはずなのに、実際は多くの中小企業の経営者が資金繰りに苦しんでいます。思いどおりに商品が売れずに赤字になるケースもあれば、近所に競合店ができて顧客をとられてしまったケースもあるでしょう。さらに、価格競争が激化して安売りせざるを得なくなり、次の商品を仕入れるだけの利益が出せなくなったケースや、昨今の新型コロナ禍で売上が急減するケースなどもあり、その理由はさまざまです。

特に創業時は固定客が存在しないので、売上が安定しません。それでも家賃や人件費などの固定費は毎月支払わなければいけないので、預金残高はどんどん減っていきます。

資金が底を突いて、会社がつぶれてしまう……。経営者はそんな恐怖と日々戦っているのです。

では、何が会社の経営を悪化させているのか。ここで、ライバル店にサービスの質で負けている、価格で負けている、事業規模で負けている、立地が悪い、従業員の接客態度に問題があるなどの原因がわかっていれば、改善に向けて努力できます。ただ、やっかいなのは、何を改善すればよいのかわからない場合です。

「商品の売れ行きはいいのに、社員の給料や家賃を払うとき、いつも手元に現金がない」

「利益が出ているはずなのに、いつまでたっても会社の貯金が増えない」

そして答えが出ないまま、とにかく会社をつぶさないようにと必死にお金のやりくりを続ける。仕入れの支払いや社員の給与支払い、銀行の返済ばかりに追われ、会社を発展させるビジョンを描くことができずにいる……。

それは経営者として、いちばんつらいことです。**「売上」の悩みよりも「お金＝資金繰り」に悩んでいる。このことは、世の中の経営者は皆同じ**なのです。

02 経営の要諦は売上アップばかりを追わないこと

資金繰りが悪化する理由として、次ページ図表1のようなケースがよく見られます。特に多いのが事業拡大後に赤字になるケースです。事業が軌道に乗ると、事業を拡大したくなるのが経営者の性です。しかし、商売には必ず波があります。ずっと右肩上がりのビジネスはありません。売上が下がっても人件費や店舗の家賃、銀行の返済など、毎月一定の支出が発生するため、たくさんあったはずの資金はやがて底を突いてしまいます。

「売上を上げればどうにかなる！」は、危険な考え

そのとき、経営者はどうすべきでしょうか。次の対応で考えてみましょう。

図表1｜資金繰りが悪化する主なケース

当初計画した売上が実現しなかった

売上先が倒産してしまい、売掛金が回収できなくなった

リストラをすべきか悩んでいたら、タイミングが遅れて赤字が膨らんでしまった

利益が順調に増えたので店舗を増やして事業拡大を図ったら、赤字になった

A　攻めの姿勢で、とにかく売上を上げる

B　初心に戻って資金繰りを見直し、分析する

多くの経営者が「A」を選びます。何とかして売上を上げたい。そのためには、売れる商品を仕入れたりつくったりしなければいけない。しかし手元に現金がない。そのため、「よし、経営改善のために、銀行から資金を借りよう」と考える人もいます。そうして安易に借金を増やしてしまうと、売上が増えても、銀行への返済額が大きくなっているため、いつまでたっても手元の現金は増えません。

すると、会社を発展させるどころか、銀行返済のためだけに必死になって利益を上げるようになってしまいます。

「売上を上げればどうにかなる！」。**そのような考え方は危険**なのです。

ということで、正解は「B」。資金繰りを見直すのです。特に新型コロナ禍のような状況では、売上を回復させることに躍起になるより、**「まず資金繰りを回すこと」を最優先すべき**です。損益に関しては、「本業の資金繰りで黒字（プラス）になる状況であれば、結果として利益も黒字になっていく」くらいに考えておくといいでしょう。

独立して経営者になる人は起業家魂や野心があって独立したはずですし、売上を上げる気持ちが優先してしまう性格のほうが経営者に適しているのも事実です。しかし、状況が厳しいときは資金繰りに強い関心をもち、ディフェンスを固めるべきなのです。

売上を上げるノウハウについては別の図書に任せるとして、本書では**ディフェンスこそ最大の攻撃**と考え、ディフェンスの最大の武器である「資金繰り」にフォーカスしていきます。

03

資金繰り見直しの最初の1歩
すべての原価を正しくチェックする

商品をいくらでつくって、いくらで売れば、いくらの利益が出るのか。これは、ビジネスの基本中の基本です。経営者はこの計算をしっかり行い、儲けが出ることを確認してから事業を開始します。

しかし、市場は常に変動しています。

「同じ原価で製造して、同じ値段で販売し、販売数にも大きな変動が見られない。なのに、なぜか利益が下がっている」

このような状況に陥ったときは初心に戻り、資金繰りを見直さなければいけません。

売上原価を正確に把握しているか？

事例 ある商品を1000円で販売していた。この商品の材料費は、1個あたり200円。ところが、原油が大幅に値上がりし、その影響から材料の一部の価格が上がり、原価が200円から205円に増えた。それでも十分な利益を出せると社長は判断し、価格は据え置きで販売を続けた。その結果、その年の利益が大きく下がり、翌年は赤字に転落してしまった。

これは、よくあるケースの1つです。

このような状況のとき、経営者の多くはある費用を見落としがちです。それは商品の製造に直接関わりはないものの商品の製造・販売には不可欠な費用、つまり輸送費や製造工場の家賃、水道光熱費、工場で働く社員の人件費などです。売上原価というと商品の製造に直接関わる原材料の仕入れの額（材料費）と考えがちですが、そのほかにも、このように**商品の製造に直接関わっているわけではない費用（労務費、経費）もあります。**

原油の価格が上昇すれば、当然ガソリン代に反映して輸送費がアップします。また、工場や販売店の光熱費も上がります。すると、商品を製造・販売するための売上原価の上昇は5円程度に収まらないこともあり得ます。原価率が変わったときは価格の見直しが必須ですが、この社長は5円しか上がってないと思い込んでいたため、原価率の変化に気づくことができなかったのです。

末端の販売価格は、間接的な費用もすべて視野に入れて適正かを検討しなければいけません。間接費を入れて計算すると、このケースのように従来の1000円が適正ではない可能性もあります。

原価率をもとに複数商品の選別も要検討

ニーズが多様化し、市場の変化が激しい現代では「昔からこの値段で売っていた」という理由で価格を決定するのは危険です。目まぐるしく変わっていく価格をしっかりと捉え、同じ商品でも常に適正価格かどうかを確認しておきましょう。

特に新型コロナ禍のような時期は、たとえば、商品が複数あれば原価率が高く、利益幅の薄い商品は扱わないと決断するくらいの覚悟が必要です。**原価率が高い商品を製造中止にして、原価率が低い商品にお金と労力を集中させる**など、状況に応じてさまざまな選択をしていく必要があります。

原価率の計算の基本は「**売上原価÷売上高×100**」。この構成要素のうち売上高は数字として明確に出てくるので、大事なのは前述の材料費、労務費、経費などの「売上原価の構成」です。その中身をいま一度見直して明確にしておくことが欠かせません。

まじめにコツコツやっていけば、いつか結果がついてくる。かつては、そう言われていたかもしれませんが、同じ努力を続けるだけでは会社は生き残れないのです。

04 銀行から安易に借入れをしない

資金繰りの穴を埋めるための手っ取り早い方法は、お金を借りることです。ただし、それは資金が回らなくなった理由を明確にし、問題点を整理して、資金繰りと返済の計画をしっかりと立てたうえでなければ、危険な選択です。

なぜなら、現金が手元にあると人間はそれだけで安心してしまうからです。

「借りられたから、もう安心。これで何とかなる」

そう言って胸をなで下ろした瞬間、経営が赤字であるという危機感が薄れてしまい、資金繰りが悪化した原因について真剣に考える気が失せてしまいます。

特に新型コロナ禍においては日本政策金融公庫の融資、また自治体の利子補給を生かした融資などで、実質的に金利ゼロの融資制度も拡充しています。「金利ゼロだから、借りておいたほうがトク」なのは事実かもしれませんが、安易に借入れて安心してしまうことがあってよいわけではありません。

この先、返済のための原資が見込めない状況では、やがて、金利がゼロ同然であっても返済負担が重くのしかかってきます。それだけに、安易な借入れは慎むべきなのです。

もちろん、先行きが読みづらい環境下では、借入れを行い、手元資金をまず増やし、新しいビジネスモデルを再構築する時間をつくることは大切です。しかし、**ビジネスモデルの改善を行わないまま、借入れだけを増やすことは避ける**べきです。

経営者は会社の資金をコントロールする責任がある

借金で得たお金を使って売上を増やしても、得た利益は銀行の返済で出ていってしまいます。返済額以上に利益を確保できなければ、結局、会社に現金は増えません。借金までして頑張っているのに、いつまで経ってもお金が貯まらない。ストレスが増える一方ですが、その理由は経営者自身にあるのです。

売上が減って資金繰りが悪化したときは、融資に頼るのではなく、まずは自力で立て直す計画を立てましょう。

むずかしい作業ですが、収入と支出について一つひとつの項目を確認し、何をどうすれば資金繰りが改善するのかを考え、自分の会社を守るために取引先とさまざまな交渉に取り組んでいけば、ほとんどの場合、経営改善は成功します。

会社が存続する限り、**経営者は会社の資金をコントロールする責任を負っています**。だからこそ、「楽だから」「手っ取り早いから」と安易に借入れに頼ることはやめるべきです。

05 売上はもちろん利益が現金としてあるわけではない

新規事業を始めるには、商品の仕入費用や製造費用がかかります。さらに、社員への給与や家賃の支払いなどの固定費も必要です。小売業であれば、開店した1日目に売上が発生して現金が手に入ります。しかし、それ以外の業種は商品が売れてもすぐに現金が入るわけではありません。

「お金の流れ」を再確認

通常、商品が売れてお金が入ってくるまでには次のような段階があります。

❶商品が売れる→❷販売先の締め日が来る→❸支払日に販売先が入金をする→❹売上が現金として入ってくる

事例　この会社は商品を主にB社から仕入れている。B社とは「25日請求、翌月20日支払い」という条件で契約。そして、B社から7月20日に1800万円で商品を仕入れた。

8月3日、得意先のA社から2000万円の商品の注文があった。このため、この会社には200万円の利益が発生した。翌日4日に発送し、5日に納品が完了した。ところがA社の締め日は31日で、入金日は翌月の30日。この会社の支払日は8月20日だが、その時点ではまだ、A社からの2000万円は入金されていない。

この会社は商品が売れて200万円の利益が発生しても、A社から2000万円が支払われるのは9月30日。それまでの間は1800万円マイナスの状態になる。


図表2はこの事例の会社のお金の流れを示したものですが、通常、商品が売れて現金になり、その現金が使えるようになるまで、早くて1カ月、長ければ半年かかることもあります。締め日と支払日の規定は会社ごとに決まっており、通常は立場が優位な会社の規定に従うことになります。

図表2 ｜「この会社」のお金の流れ

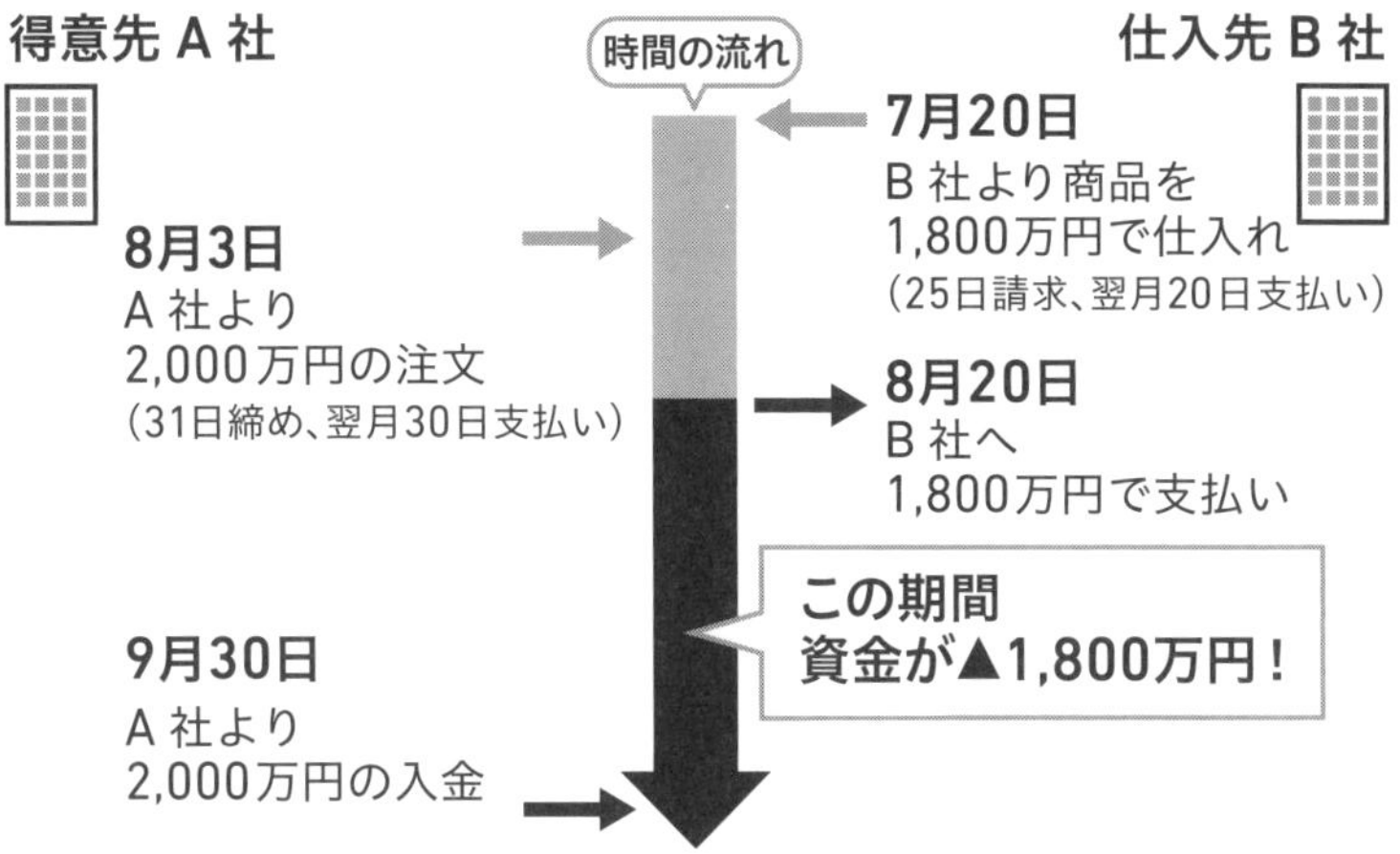

商品が売れてから現金に換わるまでにはタイムラグがある！

この例の場合、得意先の規定に従っているので、A社からの支払いはほぼ2カ月先になります。

しかし従業員の給料や事務所の家賃、水道光熱費、借入金の返済といった固定費は、毎月支払わなければなりません。また、商品の仕入代金もあります。

商品が売れてから現金に換わるまでの**タイムラグを考えずに事業を動かすと、会社を立ち上げるときに用意した資本金は、あっという間になくなってしまいます。**

商品が売れているのに支払いができない。資金繰りが行き詰まるのは、このためです。

06

まず、自社の試算表を読みこなせるようになろう！

試算表を見れば会社のお金の状態がわかる。多くの経営者がこのように感じているでしょう。しかし試算表はあくまで目安であり、実際の利益を正確に表すものではありません。

先ほど、売上が発生した直後にお金が入るのではなく、数カ月のタイムラグがあることをお伝えしました。しかし会計のルールでは、売上の計上時期は取引が行われた時点で記録する**発生主義**の考え方に基づいています。

たとえば、売上代金が入るのは数カ月後で、前項のように約2カ月間は1800万円の赤字状態であっても、商品が「売れた」時点で帳簿に記載されますので、200万円の黒字になるのです。

「試算表の数字」と「実際の損益」は異なる

財務諸表の数字と実際の損益には、必ずズレが生じます。売上のほかにも、会計上の数字と実際の損益が異なるケースがあります。特に次のような科目は、注意が必要です。

❶棚卸高

棚卸は毎月欠かさず行うことが理想ですが、手間も時間もかかるので、ほとんどの会社は期末時期にしか行っていません。特に中小企業の多くは、前期末の棚卸金額をそのまま今期の試算表の棚卸金額に計上しています。要するに、期中では現在の在庫の状況を正確には把握できていないのです。

在庫している商品を売りに出したとき、いくらで買ってもらえるのか。それは実際に売ってみなければわかりません。こちらが売りたい金額で買ってもらえなければ、値下げをするしかありません。その結果、帳簿の金額よりも低い金額で売れば、実際の利益は下がります。

逆に、仕入れがかさみ、期末の在庫が期首よりも多くなってしまうこともあります。販売が順調だと、一見、利益が多く出ているように思ってしまいますが、仕入代金分の現金は減少しているので、資金繰りはきつくなってしまいます。

❷減価償却費

減価償却費を期末の決算時にまとめて計上している場合、試算表には期中の償却費を計上していないケースが多々見受けられます。

しかし、期中に資産の取得や売却を行った場合、最終的な年間償却額は当初の見積額と異なります。たとえば期中に売却した場合は、期首から売却日までの間の減価償却費を計上しなければならないのです。

減価償却はキャッシュアウトしない費用であり、資金繰りに大きな影響はありません。しかし、**多数の償却資産を所有している場合は減価償却額によって損益が大きく変動する可能性があります。**

❸仮払金、立替金、貸付金

仮払金は、一定金額を事前に支給し、あとに実費として発生した費用の領収書および釣り銭を回収して精算します。支給時には「その他流動資産」に位置づけられますが、精算した時点で旅費交通費や接待交際費などの本来の勘定科目に振り替えます。

立替金は、一時的な金銭の立替えです。速やかに返済されるべき費用であるため1年以内に回収が可能である「流動資産」として扱いますが、返済が滞っている場合は貸付金として処理します。貸付金は、貸し付けたときは資産として計上し、返済を受けたときは貸付金を減少させます。このように**仮払金、立替金、貸付金は一度、資産として計上されるものの、状況に応じて処理が必要になります。**

なお、精算を未処理にしておくと仮払金等の資産は増えることになりますが、キャッシュアウトした現金は減少していきます。また、本来は費用として損金と認識しなければならないのに未処理では損金にならないため、本来の損益の姿がゆがんできます。

つまり、**本来は経費で「損金」扱いされ、本業の利益が減ることになるのに、資産計上されることで「見せかけの利益」が計上されている**ことになるのです。

07 不良債権、過剰在庫……「黒字倒産」のパターンを理解する

現金よりも売上を重視しすぎた結果、黒字倒産に至るケースもあります。ここでは、その黒字倒産の2つのケースについて紹介しましょう。

取引先が倒産して不良債権となってしまった!

会社の資金繰りが苦しくなる理由の1つに「取引先の倒産による売掛金の不良債権化」があります。これは会社の成長期によくあるパターンです。

売上が伸びて会社の利益が増えてくると、商品数を増やしたり新規事業を始めたりします。すると取引先の数も増えていきます。業種によっては1社との取引額も増えるでしょう。

取引先が急に増えたとき、おろそかになりがちなのが与信管理です。

会社間の取引は通常「信用取引」で行われます。商品を先に渡して、代金はあとで回収する。このとき、商品の販売者は取引先に対して代金を回収するまで「信用を与える」状態になり、これを「与信」と言います。銀行の融資も「与信」行為と言えます。

「与信管理」は、信用を与えている間の売上債権を管理することです。取引先の経営状態から「債権が回収不能にならないかどうか」を判断し、危険性に応じて取引の条件や与信金額を管理していくのです。

不良債権が発生する要因とは？

与信金額の増加は売掛金の増加であり、それは不良債権の発生リスクを高めます。より慎重に与信管理を行わなければいけません。取引先から「分割で払わせてほしい」「来月分と合わせて支払いたい」などと申し出があった場合は、経営不振に陥っている可能性があり、与信限度額を減らしたり取引条件を見直したりするなどの対策が必要になります。

事業が軌道に乗る前、代金の受け取りが1日でも遅れたら資金繰りがショートする状態であれば、そうした申し出はできる限り断っていたはずです。ところが、利益が増えると経営者の気も大きくなり「1回くらい遅れても大丈夫」「3回以内の分割なら問題ない」と、軽い気持ちで承諾してしまいます。もちろん、支払いが遅れても分割されても、売掛金はすべて資産計上されているので、会計上では黒字経営が続いています。

しかし、未回収の売掛金が増えれば、当然、資金が不足します。そのとき初めて売掛金が回収不能になり、多額の不良債権を抱えてしまったことに気づくのです。

また、次のようなケースもあります。

事例

A社と2000万円、B社と3000万円の取引が成立し、帳簿には5000万円の売掛金が計上された。ところが支払日前にB社が倒産し、売掛金の回収はほぼ不可能になってしまった。このとき、3000万円を「貸倒損失」として処理しなければいけない。

しかし、3000万円の貸倒損失を計上すると、決算書が赤字になってしまう。そこで、この会社では、あえて貸倒れの処理をしなかった。決算書が赤字になると、銀行からの融資を受けにくくなるからだ。

決算書を黒字にして、取引銀行に赤字転落したことを報告しない。しかし、資金繰りは夕イトになってきている。すると、どうなると思いますか？　経営者自身が「黒字を維持している」と錯覚してしまうのです。

本来は「貸倒損失」として「特別損失」科目で計上すべきです。その処理を行わず、赤字の会社が危機感をなくせば、あっという間に倒産してしまいます。

過剰な在庫によって黒字倒産してしまった！

では、過剰な在庫がもたらす影響についての質問です。卸売業で、今期の売上が5000万円、在庫は図表3のような状態になりました。ケース1とケース2の原価と粗利益は、それぞれいくらになるでしょうか。原価の計算方法は、図の「①＋②－③」です。

図表3｜在庫の資金繰りへの影響を見る

ケース1

①前期の決算末の在庫	1,000万円
②今期中の仕入	2,000万円
③今期の末期の在庫	2,500万円

ケース2

①前期の決算末の在庫	1,000万円
②今期中の仕入	2,000万円
③今期の末期の在庫	1,000万円

ケース1では、前期の在庫と今期の仕入れの合計が3000万円、今期末の在庫が2500万円なので、今期売れた在庫、つまり原価は500万円です。そして今期の売上5000万円から500万円を差し引いた粗利益は4500万円になります。

ケース2では、前期の決算末の在庫、期中の仕入れは同じで、今期末の在庫が前期末の在庫2500万円から1000万円まで減っています。原価は2000万円、粗利益は3000万円です。

「おや?」と思いませんでしたか。

ケース1よりケース2のほうが、在庫が減っています。つまり商品が売れているのです。それなのに粗利益はケース1のほうが多くなっています。

実は簿記の仕組みから「期末の在庫が膨らめば、帳簿上は利益が出る」ことになっています。要するに、売上が伸びなくて赤字になっても、在庫の金額を増やせば帳簿上は黒字にできるのです。

この「在庫のかさ増し」は、よくニュースでも見聞きする「**粉飾決算**」の方法の1つです。商品が売れていないのに、帳簿上では利益が出る。その理由は、会計では「在庫＝お金」という概念があるからです。つまり、まだ売れていない商品がお金に化けているのです。しかし、実際は商品が売れなければお金になりません。**試算表で利益が出ていても、在庫が減らなければ会社のお金は減っていきます**。

在庫がたくさんあるのに仕入れを続けると、どんどんお金が商品に化けてしまいます。これが進むとお金がなくなり、会社は倒産します。決算書上では黒字ですが、仕入れの支払いや銀行への返済、給与の支払いなどを在庫で行うことはできないからです。

08 在庫管理で現金化できるものをチェックする

厳しい経営環境下の資金繰りでは、現金化できるものをしっかりと管理しておかなければなりません。その最たるものは在庫と言ってよいでしょう。在庫管理は資金繰りと密接に結びついているのです。

在庫は一刻も早く現金化しよう

在庫管理は非常に重要で、その理想は「在庫をきちんとお金に換える」ことに主眼を置いて管理することです。とはいっても、経済全体が萎んでいるなか、なかなか思うようには売れません。では、どうすれば売れるのかを考えてみましょう。

大手企業が行っているのは値引きです。デパートや家電量販店、衣料品店などでは決算間近になると「決算セール」を企画し、2割〜3割引、ときには5割以上の値引きで商品を出しています。在庫してある商品を一刻も早くお金に換えるためです。

一方で、経営者には「値引き」を極端に嫌う人がいます。

それは、「5割も値引きしたら、売れてもたいした利益にならない。3割以上の値引きは絶対にしたくない」といった考えを持つ人です。

しかし、いま倉庫に眠っている商品は、以前は1個1000円で売れていたとしても、いまの状態で、本当に1000円の価値があるのでしょうか。帳簿上では1個1000円だとしても、もしかしたら市場に出せば500円以下でなければ買ってもらえない商品になっているかもしれません。その場合、商品1個あたり500円の損を在庫として抱えているのと同じことになります。

売れない在庫を倉庫に放置していると会社の資産を正しく把握できなくなり、資金が足りなくなったときに、そのツケがきます。たとえば、銀行に融資を申し込むとき、銀行はその会社を格付けし、融資の可否を判断し、金利の設定などを行います。格付けのベースになるのは決算書などの会計書類ですが、銀行の担当者は当然、在庫の数字をそのまま受けとめません。動きがない在庫は価値が低下しているとみなし、「含み損」という修正を加えて資産を計算しているのです。

よくある手法としては「棚卸回転期間」の業界平均データと比べて、平均値よりも多い在庫を資産から控除するものです。

もちろん銀行も、その会社の倉庫にあるすべての商品の適正価格を把握しているわけではありません。すべての会社が倉庫に足を運んで全部の商品を確認することは不可能です。そのため経営者としては「在庫の数字をかさ増ししてもバレないだろう」という考えが頭をよぎるかもしれません。しかし、それは粉飾決算であり違法行為です。

ですから、古い在庫はさっさと現金化して、倉庫には常にフレッシュな商品だけを入れるようにしましょう。不要な在庫がなくなれば、新しい商品のために倉庫のスペースを使うことができ、一石二鳥です。

倉庫は必要最小限のサイズにしよう

在庫は少ないほうがよいのですが「常時、倉庫をガラガラの状態にしておくべき」と言っているわけではありません。

売上をつくるために、仕入れは不可欠です。特に季節によって売上に大きな変動がある業種の場合、繁忙期は倉庫が常に満杯であってもかまいません。たとえば洋菓子店を経営しているのなら、バレンタインのチョコレートやクリスマスのケーキなどは、すぐに現金に換わる商品です。

倉庫内の商品の回転がよい間は、どんどん仕入れて売上を増やしていきましょう。回転が鈍くなったら仕入れの量を減らして在庫を早めに現金化し、次の「売れる商品」のためにスペースを空けましょう。

ポイントは、**業績を見ながら弾力的に仕入れを行う**ことです。売上が上がっているときは、どんどん仕入れて在庫を増やす。売上が下がってきたら仕入れを減らし、値引きをしてでも在庫を減らして現金に換える。

これを簡単に実現できるよい方法があります。**倉庫を小さくする**ことです。倉庫が大きいと在庫が溜まりやすいのですが、倉庫が小さければ、たくさんの在庫を持てないので現金化せざるを得ません。「値引きして利益が減るのは嫌だな」などと言っていられなくなり、早々に在庫の見切りをつけることができます。

これは「部屋を片づける工夫」と同じです。

ビジネスでも広い倉庫を持つと「まだスペースがあるから大丈夫」と、古い商品をいつまでも抱えてしまいます。その結果、不要な在庫がいつまでも資産計上されたままになり、会社の本来の資産額を把握できなくなります。

新たに仕入れを行うときは、倉庫にある不要な在庫を見極めて放出する。会社に必要なものは「現金＞商品」。シンプルな方法ですが、ぜひ実践してください。

09 手元資金の最初の目標値は月商1カ月分

会社が継続的に事業を行っていくために必要なのは現金です。では実際、手元にどれくらいの資金があればいいのでしょうか。

「最低でも月商の３カ月分は必要」

「社長が交通事故などで急死しても社員や家族が困らないように、月商の６カ月分を用意しておくべき」

ビジネス本や経営者向けの講演会などでも、意見はさまざまです。

最低限の「固定費・仕入費・銀行の返済」を用意してスタート

もちろん、手元資金が多いに越したことはありません。しかし、起業する段階では、まず

月商の1カ月分を確保し続けて経営することをめざします。これは翌月の売上がゼロだったとしても、必要になる金額です。仕入れの支払いや社員の給料、家賃、銀行の返済額などにあたります。

最優先で確保しておくべきは固定費。具体的には人件費、家賃、水道代および光熱費です。次に必要なお金は仕入費。取引先への支払い、つまり原価分の金額です。最後に、できれば銀行の返済も滞らないことが理想です。

この3つの費用の支払いができれば、急場はしのげます。

「本当に、たった1カ月分でいいの？　3カ月分なくても大丈夫？」

これから事業を始める人や創業して間もない経営者は不安に思うかもしれませんが、月商の3カ月分や6カ月分の蓄えをめざすのは、会社として維持できてからです。

厳しい経済状況のなか、すでに事業を始めて数年の中小企業では、月商3カ月〜6カ月分の資金を手元に持っている必要があります。気持ちをゆるめず、手元資金を増やしていきましょう。

いつ、何が起こるかわからないのがビジネスです。

新型コロナ禍や海外市場の影響で急に売上が下がったり、自然災害が発生して工場や本社の建物がつぶれてしまったり。経営努力とは関係ない外部要因でアクシデントが発生したとき、資金がなければ何も手を打つことができません。「なすすべもなく、会社がつぶれてしまった」という事態は避けたいものです。

銀行からの融資で手持ち資金を増やす

手持ちの資金を増やす方法として手っとり早いのは、銀行から融資を受けること、つまり借金をして現金を増やすことです。

「安易な借入れはしない」と前述しましたが、一方でたとえば創業期に必要な借入れを行うことは経営、資金繰りにとって重要なことです。

確かに、借金をすれば手元の資金は豊かになります。ところが、返済金額が増えます。

・返済を気にするよりも、現金を多く持っておくことが大事である

・手元資金がギリギリでも、借金して返済に追われるよりマシ

この2つの考え方のどちらが正解か。正解はどちらでもありません。**大事なのは正確な運**

転資金を把握して、無理のない返済額で借入れることです。会社を回すために必要な運転資金の金額は「売掛金＋在庫－買掛金」。この金額以上の借入金があると、一時的には余裕ができても、すぐに返済が重くなり、お金が回らなくなります。

不良債権、死に筋在庫をチェックし、必要な運転資金を借入れる

不良債権が多く、過剰な在庫がある会社は、必要な運転資金の金額が上がってしまいます。すると借入額も増えてしまいますが、実際の資金はその金額以下しかないため、すぐに返済が追いつかなくなるのです。

・**売掛金が不良債権になっていないか**
・**在庫に死に筋はないか**

この2つを常にチェックし、本当に必要な運転資金の金額を意識した借入れができれば、月々の返済に追われることなく銀行融資を上手く活用できるようになります。

また、「無借金経営ではなく、銀行から借金をして経営するほうがよいのでしょうか」と

いう質問をよく受けます。

銀行からお金を借りられるときに借りておく。それは間違いではありません。特に事業というものは、経営者個人の手元資金でやっているうちは成長せず、借入金を含めた事業資金を経営として運用してこそ、会社の存在感が増し、社会に貢献もできるのです。

銀行から「融資します」という話があったとき「うちは借金する必要がないから要りません」と突っぱねていたら、経営が危なくなって本当に必要になったときに「貸してください」と言っても、すぐには融資が下りません。必要なときにお金を借りることができなければ、会社の存続が危うくなります。

どれだけの金額なら返済が苦しくならないか、会社の状況をしっかりと見極めたうえで借入れるべき。いざというときに助けてもらえるよう、**普段から複数の金融機関、最低でも「政府系」と「民間」から1行ずつの取引を実施**し、良好な関係を築いておきましょう。

10 中小企業の手元資金に対する銀行のスタンスを知る

事業を営み始めた中小企業の手元資金に対して、銀行はどのようなスタンスをとるのでしょうか。一概には言えませんが、最初の借入れは取引銀行として引き受けてくれます。自行の直接の融資ではなくとも、公庫の創業融資の紹介もあるでしょう。

経営の実績もなければ決算書もない状態ですから、銀行としては事業内容や経営者の人となり、資金使途などを総合的に判断し、いわば今後も継続的に取引できそうな相手かを判断するのです。

ただし、初回の融資は行われても、2回目以降も同じように審査されるわけではありません。2期目以降は決算書があるわけですから、どのような決算が行われているかをチェックします。

手元資金については、その額はもちろん、何に使われ、どのように残っているかを確認します。決算書も同様で、単に決算書の数字・額を見るだけではなく、実態とどのような差異があるのかを確認するのです。

融資審査では決算書の数字ではなく実態を見る

会社から融資の申込みがあったとき、銀行は決算書などの書類をもとに審査します。しかし、**銀行は決算書の数字を鵜呑みにするわけではありません**。たとえば、売掛金が多い場合は取引先を調べて、焦げ付いていないか確認します。取引先が倒産していた場合は、売掛先が回収不能の不良債権になっていますから、含み損失として売掛残高から差し引きます。こうした含み損失が1つでもあると、他の科目もすべて疑わしいと思い、さらに厳しくチェックします。

先ほど「貸倒損失を計上しなければ赤字を隠せる」と思っている経営者の話をしましたが、その結果がこれです。ほとんどの場合、銀行にバレてしまいます。

不良債権があるだけで格付けの評価が下がるというのに、虚偽の報告をすれば、さらに信用を失います。売掛金の焦げ付きは可能な限り回避し、不良債権化してしまった場合は正直に報告しなければいけません。

棚卸資産については会社ごとに異なる事情もあります。

たとえば1つの製品をつくるために5種類の部品しかいらない会社と50種類の部品が必要な会社では、倉庫に常備されている部品の量が異なります。ところが、書類上では一括りに「在庫」と表現されてしまうため、「この業種で、こんなに在庫が多いのはおかしい」と判断されてしまいます。

その点、在庫数が適正であるなら、在庫の中身について書類を使って説明する必要があります。ただし、単に黒字に見せようとして期末の棚卸資産をかさ増しした場合は、銀行側が差し引いて計算してしまうため、意味がありません。

11 本業に絞るか現金を生む新規事業を手がけるか

新型コロナの影響で売上が前年比50%以下に落ち、資金繰りが回らない。そんな声も多く耳にします。なかには「ぜったいにV字回復させる!」と考える経営者もいますが、一筋縄にはいきません。ビジネスモデルから、商売の根本から「元には戻らない」と考え、それでも資金が回る仕組み、稼ぎ方をつくり出していくことが求められます。

このような時期は1人ひとりの経営者にとって、まさに正念場。その際に、既存の本業を貫き通すか、別の事業を探るかの判断も欠かせません。ただし、資金繰りにおいては、どんな事業を選び新規事業に進出しても、**選んだ稼ぎ方を本業と見据えて取り組んでいくことが大事**です。その本業で稼いで資金を回すことが重要なのです。

不動産や株で資金を増やそうとしてはいけない

銀行からの融資以外にも、資金を増やす方法があります。その方法は、投資と節税です。しかし、これはお勧めできません。

事業が軌道に乗り、順調に利益が増えていったのに急に成長が止まってしまった、売上が停滞していても一定の資金が手元にある……。このようなときに経営者が手を出してしまう代表的なものが不動産と株です。不動産や株式関連の事業を本業として行ってきた場合は別の話ですが、本業で儲けることができないから、マンション経営や株の売買で少しでも稼いで資金を増やしたい、と思ってしまう経営者は多いのです。

「マンション経営を始めれば、安定した家賃収入を得られる」

「上昇傾向にある会社の株を買えば、投資以上のリターンがある」

このように「楽に資金を増やせる」という考えは危険です。「もっと家賃収入を増やしたい」「少しでも多くのリターンがほしい」という欲が出やすいからです。

本業の資金を増やすためにマンション経営を始めたのに「マンションを1棟買ったら、家賃収入が2倍になる」と不動産につぎ込んでしまうと、家賃収入が2倍になっても、維持管理にかかるコストも2倍になります。そうして本業がいよいよ危なくなり、マンションを売ってお金に換えようとしても、建物は年月とともに劣化して価値が下がり、土地の値段も一定ではありません。さらには大雨による浸水被害、地震による損傷など、自然災害によって突然大きなダメージを受けるかもしれません。手放すときに、購入時以上の価格で売れる保証はどこにもないのです。

株も同様です。その株が値上がりしたときに「まだ上がるかもしれない」と欲を出して粘っているうちに、価格が下がってしまうケースが多々あります。

最悪なのは、銀行から借りたお金をもとに、不動産や株を買ってさらにお金を増やそうとするやり方です。銀行はその会社の本業の「運転資金」のために融資しているのですから、貸したお金が投資に使われていることがわかれば、厳密に言えば、「資金使途違反」となり、その後の融資審査が厳しくなることを頭に入れておきましょう。もし、どうしても投資をしたい場合は経営者個人の資金でやるべきです。

12 税金を納めなければ現金は生まれない

厳しい経済環境下では、法人税・消費税をはじめ税金は中小企業経営者にとって大きな負担。少しでも節税を行い、納税負担を減らしたいと思うものです。

しかし、忘れてはならないのは、納税できるような経営を行わない限り、会社に資金は残らず、やがて経営は行き詰まってしまうということです。赤字続きでは、確かに法人税の納税負担はかなり抑えられますが、消費税の負担もバカになりません。さらに、次の事業資金の融資を銀行から受けることができなくなります。

そこで、**赤字企業はどのように黒字転換していくか、黒字企業はどのように節税を行うかが重要で、そのなかで資金をうまく回すことが求められるのです。**

節税は身の丈に合う範囲で

「今期は1000万円の利益が出たので、法人税などの税金が350万円、残りは650万円になります」

税理士からこのような説明を受けたとき、多くの経営者は「そんなにたくさんの税金を払うのは嫌だ。できる限り節税したい」と思うものです。

会社に多くのお金を残すために、税金対策は欠かせません。ただし、極端に利益を減らそうとしてはいけません。1円でも納税額を減らしたいという気持ちはよくわかりますが、手元に資金が残らないような方法をとり、経営に悪影響を与えてしまっては、元も子もありません。税金対策をいっさい行わず、利益が減ったとしても、ゼロになることはありません。650万円は確かに会社のお金として残るのです。

節税の代表的な手法に「生命保険」と「車」があります。この2つに共通するのは「お金が外に出ていく節税方法」であることです。それぞれの注意点を解説します。

❶節税目的の生命保険はほとんどない⁉

生命保険が節税手法の1つになっているのは、保険料の2分の1を経費として計上できる法人向けの商品がたくさんあったからです。一方、節税に活用できる生命保険には税務署も目を光らせていて、適宜、対応が通達によって示され、その通達によって保険会社も商品の組み替えを行っています。前期は通用していた生命保険の節税商品が、翌期にはなくなるといった事態も起こり得ることに留意しておく必要があります。

いまでは、節税商品としての保険は金融庁からの指導により大幅に制限され、節税目的の商品は稀有なものと考えておくべきです。

❷分不相応な高級社用車は節税にならない⁉

事業に必要な車を購入した代金は経費として計上できます。一度に全額を計上するのではなく、数年かけて減価償却費として計上していきます。つまり数年にわたって利益を下げることができるのです。

そのため、大きな利益が出たときに車の買い替えや中古車・新車購入を行う経営者はたくさんいます。しかも、会社の規模と合っていない高級車を購入するケースをよく見かけます。高額であればあるほど、利益を減らして納税額を下げることができるからです。購入した費用は毎年、減価償却費として利益を下げる効果がありますが、購入時には手持ちの現金が確実に減ります。現金が減っても資産として計上されるので、赤字であっても憂慮せず、そのため資金繰りが悪化する可能性が高くなります。

利益が出たときに、古くなった社用車を買い換えること自体に問題はありません。納税額を減らすために高級車を購入するのではなく、会社の資金状態を正確に把握して、身の丈に合った車種を選びましょう。

どうしても趣味で高級車がほしいのであれば、社長自身の役員報酬を引き上げて自分で買うべきです。なぜなら、**会社の節税策で最も効果的なのは役員報酬を引き上げること**だからです。なお、高級車すべてが事業用として税務署から認められるとは限らないことにも注意しておきましょう。銀行は会社の「固定資産台帳」に目を通しており、身の丈に合わない社用車はチェックが入っていることも忘れてはいけません。

Column1

小売業の資金繰りポイント

❶現金回収が主で資金繰りが回りやすい

小売業のいちばんの特徴は、回収手段がほぼ現金であること。商品が売れると同時に、お客さまから現金を受け取ることができるので、回収サイトが存在しない（クレジットカードの掛け払いは除く）。

なお、キャッシュレスが徐々に浸透するなかで、最近は新型コロナ禍で接触回避の目的もあってキャッシュレスの動きがより加速。現金で、すぐに回収できる状況も変化している。キャッシュレス企業からの回収サイトも1カ月ではなく、2週間後や3日後など短縮してきている。

そこで、一方の仕入れの支払いを現金ではなく1カ月後や2カ月後の掛けで行うことができれば「回収が早く、支払いが遅い」理想的な資金繰りが実現する。

理想的に資金繰りができれば、基本的には金融機関から運転資金を借入れる必要はない。資金需要としては、出店や改装などに伴う設備資金ということになる。

ただし、資金が回ることと、利益が出ることとは別。特に小売業は一般消費者が顧客であるということが、大きな弱点である。

さらに新型コロナ禍では「密」を回避するためにそもそもお店を訪れなくなっており、この点でダメージを受け、苦慮しているケースも多い。

❷店舗ごとの数字を把握する

小売業で多店舗を展開している場合、資金繰りが複雑になる。たとえば飲食業で、パスタ屋、居酒屋、ラーメン屋、軽食喫茶など、すべて業態が異なる複数の店舗を経営している場合は、店ごとに資金繰り表を作成しなければいけない。

客層、原価率、経常利益などがすべて異なるからだ。儲かっている店とそうでない店を一緒にして平均値で作成すると、各店舗の状態が見えなくなる。

必ず店ごとの客数と客単価を把握して、それぞれの課題を分析しよう。

❸売上予測はシビアに、在庫管理を徹底

売上予測は過去のデータを調べ、下限データを参考にする。過去の平均よりもさらに下の数字、つまり最悪のケースを想定して、資金繰りを組み立てる。楽観的な数字で作成すると、実績データを入力して更新していくときに下方修正ばかりする羽目になり「こんなはずじゃなかった」と頭を抱えることになってしまう。

小売業は、常にある程度の現金が手元にあるため、「赤字であっても経営者の危機感が薄い」という落とし穴がある。最悪のケースで資金繰り予定を立てれば、現在のシビアな状況がはっきりとわかり、緊張感をもって経営に取り組むことができる。

特に新型コロナ禍の飲食店の現状は、以前の「5割」の売上がやっとのお店も多く、シビアな言い方をすれば、先の見えないまま、このままの体制で続けるべきか撤退すべきかの選択を迫られていると言ってもいい。

なお、棚卸を毎月実施して、在庫のコントロールをしっかり行うことも大事だ。食品を扱っている店は毎週、毎日行っているだろうが、食品でなくても、小売業は商品の「鮮度」が命である。

❹設備資金の返済期間と償却年数を合わせる

店舗の改装や新たに店舗を構えるために設備投資の借入れを行う際は、一般的に「出店資金等の設備投資」になる。このとき、減価償却期間と返済年数が一致することを確認しよう。

このようなケースがあった。ある会社が設備資金を借入れて、法定耐用年数10年、1億円の設備を購入した。償却期間が10年なので、通常は返済期間10年、年間1000万円、毎月83万4000円の返済になる。

ところが銀行から「返済期間は5年です」と言われてしまった。すると年間返済額が2000万円になり、毎月の返済が166万円以上になってしまう。しかし、そのときの経営者の心情としては、「とにかく融資を得ることが最優先。返済は何とかなるだろう」との楽観的な考えでとりあえず走り出してしまうケースが多い。

このようなときは「テールヘビー」という方法がある。

まず、資金繰り表を作成して、「83万円は無理なく払える。166万円だと破綻する」ことを説明し、銀行が納得すれば可能になる。返済期間が5年なら、返済回数は60回。このうち59回までを83万4000円、60回目に5000万円を返済する。このとき、5年間はそのまま返済し、60回目の返済のとき、もう一度5年返済を組む。当初の返済期限を一度棚上げしてもらい、新たに返済期限を設定するのである。

減価償却期間と返済年数が一致しないような返済は必ず破綻する。銀行の言いなりになるのではなく、資金繰り表をもとに自社の返済能力をしっかりと伝えよう。

第2章

資金繰り表をつくって使いこなす！

会社のほとんどのお金は信用取引で動いています。入金と出金のタイミングがかみ合わなくなると、資金繰りがショートしてしまうので、経営者は必ず「資金繰り対策」を行わなければいけません。

売掛金の回収、買掛金の支払い、固定費の支払い、借入金の返済など、会社のお金の動きをすべて把握して管理する必要があります。

その管理をたった１枚の紙で解決できる方法が「資金繰り表」です。

01 資金繰り表は会社版「家計簿・小遣い帳」である

「資金繰り」とは、将来必要になるお金の段取りをつけることです。むずかしい印象を受けるかもしれませんが、資金繰りは誰もが子どもの頃からやっていること。親から毎月決まった額のお小遣いをもらうようになった頃の小遣い帳です。高校生くらいになって少し高価なものがほしくてバイトを始めたときも、毎月のバイト料をいくら使っていくら貯めるか、ノートなどに記していたと思います。その発展系が資金繰り表なのです。

資金繰りは4項目をベースに組み立てる

お小遣い帳も家計簿も、次の4項目がベースになっています。

・今日まで残ったお金（残高）

・入ったお金（入金）
・使ったお金（出金）
・明日以降に繰り越すお金（残高）

会社の資金繰りも基本は同じです。いつ、いくらのお金が入って、いくら出ていって、いくら残るのか。会社において、その予定を記入したものが資金繰り表です。資金繰り表をつくっておけば、入金と出金の予定が一目でわかり、資金が足りなくなる前に調達することができるようになります。さらに、予定だけではなく実績も記入することで予測と実際の差異を認識し、経営改善につなげることもできます。

資金繰り表の2つのメリット

資金繰り表には、主に2つのメリットがあります。

❶会社の過去・現在・未来がわかる

資金繰り表の優れているところは、**経営の3要素と言われている「ヒト・モノ・カネ」の**

動きを、「過去・現在・未来」で網羅していることです。決算書が手元になくても、資金繰り表が1枚あれば、会社の経営状況がわかります。決算書は過去。試算表は現在（正確には近い過去）。資金繰り表は、過去・現在・未来を表しています。

たとえば、ある経営者は売上が落ちたとき「銀行から資金を借りて仕入れを増やし、とにかく売上を上げるしかない」と考えていました。しかし、資金繰り表をつくることで、

「このままだと、いつ、どれくらい資金不足になるのか」

「不足分をカバーするためには、どの銀行から、どれくらいのお金を借りればよいか」

「借入金を返済するためには、どの商品の売上を上げるべきか」

「その商品の売上を上げるための資金を、どこから捻出するか」

このように、将来の資金繰りを視野に具体的に考えられるようになるのです。

決算書からは、前期と比較してどの項目の数字が上がったのか、下がったのかという結果が見えます。一方、資金繰り表は、いつ、何が、どれくらい、どのように変化して現在の状況になったのかがわかります。そして、これから1カ月先、3カ月先、半年後、1年後どうなるかの予測も立てられます。

単純に「仕入れを増やして、売上を上げよう」としても、原価率が高い（粗利が低い）商

品であれば、売上を伸ばしても利益が大きく増えることはありません。しかし、原価率が低い（粗利が高い）別の商品があれば、そこにヒト・モノ・カネを集中させることでビジネスが好転する可能性が高まります。売上が落ちたとき何をすればいいのかが明確にわかるのは、経営者にとってとても心強いことです。

❷銀行対策に有利

資金繰り表に決まったフォーマットはなく、会社によってさまざまなつくり方がありますが、必ず次ページ図表4の情報が含まれます。

これらは、銀行が会社への融資を検討するときに作成する稟議書に必要な項目です。つまり「会社に貸したお金がどのように使われて、どのように返ってくる予定であり、それがどれくらい確実に遂行されるのか」という、**銀行が最も知りたいことを網羅している**のです。融資の担当者は、いくつもの案件を抱えています。当然、資料作成などはできる限り効率的に行いたいと思っています。

その点、資金繰り表があれば、その内容を稟議書に転記したり、添付したりするだけです。経営者が伝えたいことをアピールできるだけでなく、銀行にとっても「手間がかからな

図表４｜資金繰り表に必ず合わせる要素

資金使途（借入金をどのように使うのか）

返済原資（借入返済はどのように行うのか）

今期計画（今期の実績着地はどうなるか）

他行動向（調達計画はどうか）

いありがたい案件」になる。資金繰り表の作成は銀行融資を受けるとき有利になるのです。

ほとんどの中小企業は資金繰り表をつくっていない

会社の資金繰り分析に役立ち、銀行融資にも有利になるのに、ほとんどの中小企業の経営者は資金繰り表をつくっていません。

「会計の知識がないから、つくれない」

「必要だから顧問税理士に頼んでみたが、手間がかかるとの理由で断られた」

など、作成していない理由はさまざまです。ところが資金繰り表は非常に単純な構造をしています。最初の作成にとても手間がかかりますが、**一度つくってしまえば、あとは機械的に数字をあてはめて更新していくだけ**です。

私たちは、経営者が中心になって自社で作成をすることを強く勧めています。中小企業で資金繰り表を作成している会社はほとんどないので、自社で作成をすればあらゆる面で他の中小企業よりリードできるのです。

また、自社のお金の動きがよく見えるようになるため、顧問税理士が作成した試算表や決算書の内容がわかるようになります。すると「今月は黒字か赤字か」「何が原因で売上が落ちたのか」といった基本的な説明を聞く必要がなくなり、その時間を使って、会社が抱えている課題や今後の進むべき方向性など一歩踏み込んだ相談ができるようにもなります。

「残高＋入金－出金」を繰り返すだけ

会計のことは、サッパリわからない……それでも資金繰り表はつくれます。なぜなら、資金繰り表と同じものを、誰でも必ず一度はつくっているからです。

資金繰り表は、基本的には「お小遣い帳」や「家計簿」と同じです。項目の名前がむずかしかったり、科目（項目）が増えたりしていますが、やることは「残高＋入金−出金」を繰り返すだけです。

「今月は給料が35万円入ってきて、先月までの残高と合わせると42万円になる。住宅ローンや水道光熱費、家賃などを支払うと、残るお金が21万円。今月は旅行で5万円使う予定だから、食費に使えるのは……」

給料が売上、住宅ローンが借入れの返済、水道光熱費や家賃が固定費、旅行が設備投資費と考えれば……どうでしょう。むずかしく考える必要などありません。また、実際に使ったお金だけではなく、将来の予定も書き込まなければいけませんが、それも普段やっていること。たとえば「貯金には手をつけずに、1年後に新しいバイクを買おう」と決めたら、次のように簡単な計画を立てるはずです。

A　手に入れたいバイクの価格を調べて、目標金額を決める…50万円
B　1年間で使う生活費を確認する…180万円
C　1年間で稼ぐべき金額を算出する…230万円

Aが目標利益、Bが経費、Cが目標売上です。売上の金額に無理があると思ったら、経費を削ったり目標利益を下げたりして達成可能な数字に調整していきます。

02 まず1カ月の支出と収入がわかる資金繰り表をつくる

資金繰り表をつくる目的は「いまがどういう状態で、何カ月先にはどうなっているか」を把握することで、資金が足りなくなる未来を早期に察知して、対策を講じていくことです。

そのため資金繰り表の作成で最も大事なことは、売上の中身の正確な分析です。

1カ月の支出と収入をすべて調べる

まず実際のお金の動きを把握するために、次の6つの資料から1カ月分の収入と支出を洗い出し、いつ、いくら、どこから（取引先）、何のため（使途）のお金かを確認します。

・すべての取引口座の通帳

業務で発生する売上や支払いは、基本的に金融機関の振込みを通して行われます。いつ、どこから、いくら受け取り、いくら支払ったのか、残高はどれくらいあるのか、すべて確認しましょう。

・**現金出納帳**

仮払金など通帳に記載されていない現金でのやりとりも（たとえそれが少額であったとしても）、しっかり把握します。

・**手形帳**

手形の受取日のほか、手形の期日に入金されたかどうか、裏書譲渡か割引かなどについて取引先ごとに確認します。

・**クレジットカードの明細**

クレジットカードは月の使用分を一括で支払っていること、支払先が記載されていても商品名が掲載されていない場合があることなどから「何にいくら使ったのか」がわかりづらくなります。1つひとつの支払いについて、試算表と照合しながら把握していきます。

・**リース契約の明細**

コピー機、スマートフォン、車両など会社はさまざまなリースサービスを利用しているでしょう。同じ会社に複数のリースをしていると、一括で請求されて内訳がわからなくなることが多いため、どのリースにいくら支払っているのかを確認します。

・**生命保険の明細**

一般的に会社は、代表者の保険や、役員保険、社員の福利厚生の保険など、さまざまな種類の保険に加入しています。これもリースのように、同じ保険会社の複数の保険に加入していると、それぞれの保険料の把握ができなくなります。保険証券と照合して、それぞれの保険料を把握します。

また、銀行借入れや通常サイトで支払うもの以外に、**遅れている支払いがどれだけあるのかも確認**します。たとえば、毎月納付すべき税金（源泉所得税、地方税）や社会保険料、期末や中間期に支払う法人税や消費税、役員報酬、事務所の家賃などです。特に新型コロナ対策で消費税・源泉税・法人税・社会保険料などの支払猶予を受けている会社は、1年後には通常分の支払いに加算して支払猶予分を分割納付する必要があり、資金繰りにきちんと織り込んでおく必要があります。

それらは本業の利益から支払っていくものですが、どのように資金繰りを改善すれば未払い分を払えるのかが、大きな課題になります。

03 7割経済、5割経済が資金繰りに及ぼす影響

1カ月の資金繰り表を作る段階では少し大きな話になるかもしれませんが、新型コロナ禍のような厳しい経済環境下では、すべての項目について、その状況を踏まえておくことが欠かせません。一般的には「7割経済」と言われていますが、資金繰りにおいてもそのことを意識しておくのです。

7割経済の実態は5割経済!?

7割経済とは、ひと言で述べると、すべての経済行為が7割に縮小した状態になることです。売上が従来の7割になれば利益も従来の7割になり、必要な手元資金も7割になる。これをもとに、資金繰り表をつくってみることが大切です。

ところが、新型コロナ禍では新聞やTVのニュースなどでも盛んに言われてきたように、「実際は売上が5割ダウン」という会社も多いはずです。ソーシャル・ディスタンスを保たなければならないと、飲食業では席数を減らしている状況もよく見聞きしました。飲食業の場合、単純に考えて、従来の売上を100とすると、その100を実現してきた席数を60に減らさざるを得ないことになります。

その席数に対して、お客さまの入り・売上が7割経済として7割に減ってしまったとします。すると、実際のその飲食業は7割の売上×6割の席数として、従来の42%を想定しなくてはいけません。7割経済の実態は、実は5割経済であることを意味します。

実際の資金繰り表の作成に当たっては、前月までの実績は確定した数字を置いていくことが正しいのですが、**当月の見込み、翌月の予想などに関しては、7割経済はもちろんのこと5割経済を意識して数値を置いてみる**必要も出てきます。

これまで資金繰り表を作成してきた中小企業でも、新たにつくり直すときは、最初の作成のとき以上にどういう予想を立てるかの検討が求められ、手間がかかるのです。この点は理解しておくべきでしょう。

04 すべての支出を変動費と固定費に分けてみる

資金繰り表では、出ていくお金を「原価支払い」と「販売・管理費」に分けます。原価支払いは変動費、販売・管理費は固定費です。

変動費とは、仕入れなどのように売上の増減によって変化する費用です。

固定費とは家賃や人件費などのように、売上の増減にかかわらず一定の支出が必要になる費用です。

どちらも同じ「支出」であるため、まとめて計算している会社がほとんどですが、原価率を正しく把握するためにも、きちんと区別することが大事です。

同じ費目でも固定費になる部分と変動費になる部分がある

たとえば、リース代金。本社にあるコピー機や電話は、売上にかかわらず一定の料金が必要です。しかし、工場にある機械のリース代金は、商品の製造に関わっているため、料金に変動がなくても変動費になります。

水道光熱費も、本社の水道光熱費は売上と関係がないので固定費ですが、工場では、受注が増えて稼働率が上がれば水道光熱費は上がりますし、工場の受注が減って稼働率が下がれば、水道光熱費も下がるので変動費です。

さらに、広告費も求人のための広告費は本社の費用つまり固定費ですが、商品を販売するための広告費は変動費になります。

これらをまとめて「リース代金」「水道光熱費」「広告費」として固定費に入れてしまうと、正しい原価率がわからなくなってしまいます。

また、**気をつけなければいけないのは人件費**です。

本社勤務の社員の給与は売上に関わりありませんが、工場で働いている社員の給与は、受注が増えれば残業や休日出勤など、時間外労働が増えます。また、社員の数を増やしたり減らしたりすることもあるでしょう。

工場の社員がどれくらいの時給で働いているのか、1つの商品をつくるためには何人の社員が何時間働かなければいけないのか。材料費だけではなく、そうしたコストをすべて把握したうえで、商品の末端価格を決定しなければいけません。

・売上に連動するものは変動費
・売上に連動しないものは固定費

この区別のもと、1カ月分の支出をすべて分類します。資金繰り表の作成において、いちばん手間と時間がかかる作業ですが、手を抜かずに地道に分類していきましょう。

分類が終わったら、図表5のように固定費から「販売・管理費」の項目を立てて、数値を記入します。

この「変動費」「固定費」の分類作業が、正確な「原価率」「粗利益率」の把握には欠かせ

図表5 資金繰り表の「費用」の分類

（単位：千円）

				4月
資金繰り		原価支払	資材費	73
			工具費	1,262
			外注費	2,632
			リース料	500
			電気料	800
			労務費	3,705
			保険料	300
			運賃	100
			旅費交通費	300
			修繕費	1,000
			計	10,672
		〔手形支払〕		
		支払手形決済		
		手形裏書譲渡支払		
		販売・管理費	人件費（本社）	1,000
			役員報酬	1,000
			源泉・地方税・社会保険料・基金	2,000
			労働保険	60
			支払手数料	100
			組合賦課金	
			地代・貸借料	800
			接待交際費他	500
			通信・交通費・燃料費	600
			保険料	
			リース料（本社分）	100
			管理諸費	300
			固定資産税①	100
			固定資産税②	
			消費税（中間）	2,000
			その他	500
			計	9,060
		支払利息		600
		現金支払合計		20,332
	経常収支			▲332

販管費のなかに「変動費」が入っていないかを確認

ないのです。

外注化を促進し、固定費を削減する対応も必要

現下の経済状況では、**外注を活用して固定費を減らしていく対応も重要**です。たとえば製造業においては、内製していた部品製造などを外注するわけです。

外注に頼れば、当然ながら変動費が増えます。外注に頼ることを嫌う経営者もいますが、変動費の割合が増えれば、需要の変動に対応できることになり、結局、資金繰りが円滑に回ることにつながるケースもあります。

ただし、内製していたものも外注化することは、内製の業務を担当していた社員やパートタイマーの数を削減したり、その人員を他の仕事に振り分けたりする必要もあります。

こうした対応が実際の資金繰りにどのように影響するかも、大きな検討項目と言えます。

05 事業別・取引先別など売上を複数に区分してみる

次に、今後の売上計画を立てます。一括りにせず、工場別や事業所別、また取引先別など複数の区分に分けて検討しましょう。

3~4つの売上区分を作成する

たとえば、ある会社の1月の売上が1億8000万円あり、その1億8000万円はA部門、B部門、C部門が出した売上の合計だったとします。もちろん部門ごとに商品や利益率は異なります。

また、取引先が複数あれば、回収条件はそれぞれ異なります。翌月払いの会社があれば3カ月後払いの会社もあり、支払いにも現金振込みと手形があります。さらに複数の製造工場があるケースもあるでしょう。

本来なら、商品ごと、取引先ごと、工場ごとなどに区分して分析すべきですが、項目を細かくしすぎると「木を見て森を見ず」の状態になり、全体が見えなくなってしまいます。また、定期的な更新作業も大変になってしまうので、**中小企業の場合は3つか4つの区分で作成する**とよいでしょう。

売上区分を商品ごとにするのか、取引先ごとにするのか、工場ごとにするのかは、その会社の事業に応じて決定します。どのような区分にすれば事業の実態が見えやすくなるのか検討してみましょう。

また、社長が1人でつくるのではなく、他の役員や、日々の売上を把握している営業担当者、工場別なら工場長などの社員にも加わってもらうことが大事です。

売上区分が決定したら、図表6のようにその月の売上を入れます。さらに、1年分の売上予想値を入れていきます。予想値は過去4期分の数字をもとに、7割経済・5割経済も意識しつつ実現可能な数字を入れましょう。

図表 6 ｜資金繰り表の「売上」は複数に区分して入れる（ex. 工場別）

（単位：千円）

				4月
受注金額（税込）				24,000
売上高			A工場（税込）	14,000
			B工場（税込）	3,000
			C工場（税込）	7,000
			合計	24,000
原価			材料仕入費（40日サイト）	500
			工具・消耗品費（40日サイト）	2,000
			外注費（40日サイト）	4,000
			リース料（当月）	500
			電気・ガス（30日サイト）	1,000
			労務費（当月）	6,000
			保険料（当月）	300
			運賃（当月）	100
			旅費交通費	300
			修繕費	1,000
			合計	15,700
売上総利益				8,300
月初現預金				15,000
資金繰り		現金回収	A工場	6,000
			B工場	1,000
			C工場	3,000
			サイト調整	0
			計	10,000
		（手形回収）		12,000
		手形割引		10,000
	現金収入合計			20,000

区分された売上に対応させて資金繰りも回す

06 「売上原価」「売上回収」「原価支払」の記入で資金繰り表は、ほぼ完成！

支出を固定費と変動費に分け、売上区分を決めて売上高の予想を立てる。ここまでできれば、資金繰り表の作成はほぼ完了です。あとは「売上原価」「売上回収」「原価支払」を機械的に記入するだけです。

売上原価から原価率を算出

変動費（原価支払い）に振り分けた支出を、さらに売上区分ごとに分類し、その合計値から平均原価率を算出します。そして各月の売上高予想値から売上原価を計算していきます。

たとえば3つの部門に分かれた会社では、1月の売上の内訳と、各部門における変動費（原価支払い）は図表7のようになりました。この数字から原価率を算出し、2月以降の数

図表7 | 3つの部門に分かれた会社の原価を予想する

(1月)

	売上高	原価支払い
A部門	1億円	7,000万円(原価率70%)
B部門	5,000万円	3,000円(原価率60%)
C部門	3,000万円	1,500円(原価率50%)

(2月)

	予想原価支払い
A部門	8,000万円×原価率70%=予想原価支払い→5,600万円
B部門	5,000万円×原価率60%=予想原価支払い→3,000万円
C部門	5,000万円×原価率50%=予想原価支払い→2,500万円

字を埋めていきます。

売上回収と原価支払いの時期に齟齬はないか

部門ごとの支払サイトと回収サイトを確認し、売上金がいつ会社に入るのか、支払日はいつになるのかをそれぞれ記入していきます。

取引先が複数ある場合、本来は1社ずつ回収サイトを見て分類すべきですが、複雑にしすぎると、のちの更新作業が繁雑になってしまうので、平均値で入力してかまいません。

この記入作業によって、次ページ図表8の資金繰り表ができあがります。

図表8 ｜「原価」「現金回収」「原価支払」を記入

（単位：千円）

原価		材料仕入費（40日サイト）	500
		工具・消耗品費（40日サイト）	2,000
		外注費（40日サイト）	4,000
		リース料（当月）	500
		電気・ガス（30日サイト）	1,000
		労務費（当月）	6,000
		保険料（当月）	300
		運賃（当月）	100
		旅費交通費	300
		修繕費	1,000
		合計	15,700
売上総利益			8,300
月初現預金			15,000
資金繰り	現金回収	A部門	6,000
		B部門	1,000
		C部門	3,000
		サイト調整	0
		計	10,000
	（手形回収）		12,000
	手形割引		10,000
	現金収入合計		20,000
	原価支払	資材費	73
		工具費	1,262
		外注費	2,632
		リース料	500
		電気料	800
		労務費	3,705
		保険料	300
		運賃	100
		旅費交通費	300
		修繕費	1,000
		計	10,672
	（手形支払）		
	支払手形決済		
	手形裏書譲渡支払		

この3項目が記入できればほぼ完成！

07 経常収支をブレークダウンし、資金繰り状況をチェック

現金収入合計と現金支払合計から、毎月の経常収支が算出できます(次ページ図表9参照)。赤字の月と黒字の月があると思いますが、表のいちばん右側の「当期累計」の「経常収支」がプラスになっていれば、まず問題はありません。

逆に**累計の経常収支がマイナスの場合は、早急に資金繰りの見直しが必要**です。

経常収支がマイナスの場合の分析手法

売上があっても取引先が倒産して回収がゼロになると、資金繰り表の経常収支でマイナスが出ます。前述した黒字倒産に陥る可能性が出てくるわけです。仕入れを増やすと、在庫が増えることで損益計算書ではプラスになりますが、資金繰り表はお金が出ていくことを表しているので、マイナスになるわけです。

図表9｜当期累計の経常収支がプラスであることを確認

（単位：千円）

				当期累計
資金繰り		原価支払	資材費	5,743
			工具費	15,086
			外注費	38,944
			リース料	5,306
			電気料	9,656
			労務費	45,460
			保険料	3,160
			運賃	1,245
			旅費交通費	2,784
			修繕費	7,264
			計	134,648
		〔手形支払〕		0
		支払手形決済		0
		手形裏書譲渡支払		0
		販売・管理費	人件費（本社）	14,500
			役員報酬	12,000
			源泉・地方税・社会保険料・基金	24,000
			労働保険	720
			支払手数料	1,200
			組合賦課金	0
			地代・貸借料	9,600
			接待交際費	6,000
			通信・交通費・燃料費	7,200
			保険料	0
			リース料（本社分）	1,200
			管理諸費	3,600
			固定資産税①	1,230
			固定資産税②	500
			消費税（中間）	11,500
			その他	6,000
			計	99,250
		支払利息		9,200
		現金支払合計		243,098
	経常収支			15,602

ここがプラスであることが大事

経常収支がマイナスの場合には、次のようなケースが考えられます。

❶仕入れの支払サイトが売上の回収サイトにマッチしていない

売上回収よりも支払いのほうが早ければ、資金繰りがタイトになるのは当然です。支払サイトの延長、または売上回収サイトの短縮を交渉しましょう。

❷仕入在庫が多すぎる

在庫が十分あるのに、仕入れをどんどん進めてしまうと、売上が仕入れに追いつかなくなってしまいます。在庫と仕入れのバランスを見直しましょう。できれば棚卸を行い、現在の在庫は何が残って何が足りないのかを把握しましょう。

❸売上の回収サイトが長すぎる

回収サイトが長期になっている場合は、前受金などで分割して支払いを受ける、または手形で回収して手形割引で現金化するなど早期の資金化を図りましょう。

売上の回収サイトが長すぎるのは建設業に多く見られます。工事代金の回収が「完成基準」になると、回収サイトが長期化してしまうため、工事進捗基準に応じた工事代金の回収が必要です。工期の短い案件であれば資金繰りのショート幅は少ないのですが、工期が長くなればなるほど資金繰りへのダメージは大きくなります。

❹損益が赤字

回収サイトと支払サイトが適正であっても、本業が赤字になっているケースも経常収支がマイナスになります。原因としては人員構成が偏っている、本社の家賃が高すぎるなどが考えられます。早急に固定費を見直して、コストカットに取り組みましょう。

なお、製品の原価率が高すぎることも考えられます。売上は大きいものの、原価率が高く利幅が小さい。分析してみると、考えている利幅とまったく違う可能性もあるのです。

08

「3カ月資金繰り表」を基準に年間を通した資金繰り表をつくる

資金繰り表を作成する中小企業の多くは、3カ月先を見通した「3カ月資金繰り表」を作成しています。ところが新型コロナ禍のような、先行きが不透明な時期は、3カ月後を予測するだけでは先を見通したことにならない状況も考えられます。

従来であれば3カ月資金繰り表で当面の資金繰りには問題がなくても、いまでは6カ月先、1年先の見通しが必要になっています。

1年の資金繰り表を毎月見直していく

大事なことは、1カ月の収支を厳密に確認して資金繰り表の基本フォーマットを作成し、その基本フォーマットで3カ月先まで見通していたのを1年間に視野を広げてみることです。せっかく作成するのですから、不透明な経済環境を踏まえて「年間資金繰り表」を作成し、その資金繰り表を適宜修正していきましょう。

具体的な記入において、固定費は基本的に一定なので、同じ数値を1年分記入してかまいません。もちろん7割経済、5割経済に対応した固定費の見直しを行っているのであれば、その数値を記入していきます。

一方、厳密な検討が必要な部分は売上と収入に関わる部分です。売上に関しては7割経済、5割経済下での売上をシビアに見ていく必要があり、そのときに資金がどの程度減少し、さらに不足していくかを見通すことが大事になってきます。

3カ月資金繰り表も同様ですが、年間資金繰り表も、年間の資金計画のように「できたら終わり」ではありません。毎月、会社によっては毎週見直していくことが欠かせません。逆に言えば、見直すほどに対策を先手で打てることになります。

これは自社の資金繰りはもちろん銀行対策としても、とても重要なこと。すなわち、**資金繰りのPDCAサイクルを回していく**のです。

09 「債務の一本化」方針を活用して財務収支を見直していく

中小企業の資金繰りにおける財務収支とは、借入金の調達と返済のことと考えてよいでしょう。借入金は通常、1年以内に返済する短期借入金と数年にわたって返済する長期借入金に分かれますが、いずれにしても無理なく返済できるバランスが重要です。

特に新型コロナ対策融資を受けている会社は、無理なく返済できるか資金繰り表をもとに確認することが大事です。

企業債務の一本化で、返済を平準化できる

財務収支に関して、経済産業省（中小企業庁）から「**債務の一本化**」という制度が打ち出されています。新型コロナ対策融資に関連して端的に言うと、原則、1回きりの新型コロナ

対策融資の返済に窮するとき、他の新型コロナ対策の前に受けていた融資（既往債務）の返済と一本化できるという制度です。

もちろん、細かな要件があり一本化ができる借入れとできない借入れがあり、取引銀行に確認が必要です。この制度が活用できれば、新型コロナ対策前に返済期間3年で受けていた融資も、新型コロナ対策融資に合わせて10年、15年で返済できるようになります。

また、たとえば、A銀行とB信金からそれぞれ信用保証協会の保証付きの借入金を借りていたとします。その際、B信金からの信用保証協会の保証付きの借入金を借換えることによって一本化することもできます。これにより、毎月の返済負担を軽減化させることができるケースもあります。

資金繰りにおいて財務収支がマイナスになる、すなわち返済できなくなると想定できたとき、それで万事休すとなるわけではありません。事前に、しかも早い段階でそうした事態が起こることを察知し、解決するために必要な情報を集め、銀行や税理士、コンサルタントなどに相談して対応を着実にとっていけば、難局を乗り越えることも可能です。

財務収支に限らず、資金繰り表は「使って生かす」ことが大切です。

10 月の途中に資金ショートが起こる場合の応急処置

資金繰り表は、一般的には月次で作成します。しかし、月単位で作成しても資金繰りが破綻しているケースがあります。「**月中ショート**」が起きているときです。

事例 月末の残高が1000万円あった。その翌月5日と10日に仕入れの支払日がきて、400万円と600万円が出ていく。5日には給与支払いで1000万円が必要になる。10日には資金がゼロになり、5日の支払いはマイナス1000万円。つまり5日時点で資金繰りがショートしている。しかし、月末には2000万円の売上金の入金がある。結果、月末の残高はプラス1000万円になる。

月末の残高だけを見れば、問題なく資金が回っているかのように見えるが、実際の資金繰りは月中にショートを起こしている。早急に改善が必要な事態だ。

資金繰り表を日単位で作成する

月中で資金繰りのショートが起こる場合、その応急処置は銀行に定期預金の解約や緊急の借入れを依頼したり、売掛金の早期回収を取引先に依頼したり、手形を割り引いたり（逆に手形のジャンプを支払先に依頼したり）、保険などを解約したり、とにかく早期に現金を増やす対応、応急措置をとらなくてはいけません。

あわせて、そうした対応で資金繰りがどうなるかを見るために、98～99ページの図表10のような日単位の資金繰り表をつくります。**つまり月中で支払日と回収に齟齬があるときは、日単位の資金繰り表をつくって対応しなければいけない**のです。

と同時に月単位の資金繰り表も作成し直しましょう。２つの資金繰り表をつくって管理するのは大変かもしれませんが、月単位の修正資金繰り表をもとに、１年先までの資金繰りを確認しておくことが大事です。その際には、月末に残高がいくらあれば翌月の資金繰りが回るのかを想定しておくことが欠かせません。

借入れの返済額は適切か

なお、資金ショートを避けるために資金繰り表を修正する際には、借入れの返済額が適切かもあわせて見直しておきましょう。場合によっては後述するように、銀行にリスケジュールを依頼しなければならないケースもあり得ます。

通常、経常収支がマイナスになる月があっても「月初の現預金」でカバーできていれば大丈夫です。しかし、あまりに現預金が落ち込む場合、またはゼロになってしまう場合は「資金不足」ですから、銀行に融資を依頼します。

また、すでに借入れているお金の返済額もチェックしましょう。理想形として、年間経常収支に占める銀行返済の割合は、多くても70％。残りの30％は納税や未払金、将来に向けた資金として確保しておかなければいけません。

経常収支の70％以上を返済に充ててしまうと、手元資金がなかなか貯まらなくなり、不測の事態への備えができなくなります。

（単位；千円）

					繰越預金残高
		支払			5,000,000
税金関係及び人件費	諸経費	手数料	経費小計	支払合計	預金残
					5,000,000
50,000			50,000	50,000	4,950,000
40,000			40,000	40,000	4,910,000
					5,110,000
	30,000		30,000	30,000	5,080,000
	70,000		70,000	70,000	5,010,000
					5,210,000
					5,510,000
					5,540,000
					5,570,000
					6,570,000
		20,000	20,000	20,000	6,550,000
		432	1,000,432	1,000,432	5,549,568
					8,549,568
	200,000		200,000	200,000	8,349,568
	5,000		5,000	5,000	8,344,568
	100,000	432	100,432	100,432	8,244,136
	30,000	216	30,216	30,216	8,213,920
2,000,000		432	2,000,432	2,000,432	6,213,488
					7,213,488
	30,000		30,000	30,000	7,183,488
		432	500,432	500,432	6,683,056
					7,183,056
300,000			300,000	300,000	6,883,056
	20,000		20,000	20,000	6,863,056
	100,000		100,000	100,000	6,763,056
2,390,000	585,000	21,944	4,469,944	4,469,944	

図表10｜日単位の資金繰り表をつくる

予定日	取引先名（仕入先の氏名または名称）	売上回収		
		現金回収	回収小計	仕入支払
4	住民税		0	
4	源泉税		0	
6	A 社	200,000	200,000	
8	会計事務所		0	
10	クレジットカード		0	
10	B 社	200,000	200,000	
10	C 社	300,000	300,000	
10	D 社	30,000	30,000	
10	E 社	30,000	30,000	
13	F 社	1,000,000	1,000,000	
15	銀行手数料		0	
20	G 社		0	1,000,000
20	H 社	3,000,000	3,000,000	
20	定期預金		0	
24	新聞		0	
25	家賃		0	
25	弁護士		0	
25	給料		0	
26	I 社	1,000,000	1,000,000	
26	携帯電話		0	
27	J 社			500,000
30	K 社	500,000	500,000	
30	社会保険料		0	
30	NTT		0	
30	諸経費立替え代		0	
		6,260,000	6,260,000	1,500,000

資金繰り表と試算表の整合性をチェックする

銀行に融資を申し込むときは、試算表と資金繰り表をセットで提出します。すると、交渉においても説得力が増します。

試算表と資金繰り表は、同じ項目でも異なる数字が入ってしまう場合があります。**試算表は発生主義である会計ルールをベースに作成され、資金繰り表は現金主義で実際の現金の動きをベースに作成する**ためです。

同じ項目であるのに書類によって異なる数字が入っていると、担当者に提出した書類すべてが疑わしいものと思われてしまいます。必ず、事前に数字が異なる項目を確認し、「なぜ数字が違っているのか」を説明できるようにしておきます。数字を小手先で合わせても意味がありません。数字が異なっていても、担当者が納得すれば問題ありません。

自社で作成する資金繰り表と、会計事務所に作成を依頼する試算表。この2つが連動した状態になっていることが大事なのです。また、試算表は当月の試算表が翌月末にはできあがるように、自社の請求書などの管理体制の整備、顧問税理士との協力が欠かせません。

11 資金繰り表で資金管理能力を高めよう！

中小企業に資金繰り表の作成を強く勧める理由が2つあります。

❶資金繰り対策に有効である

資金繰りがいつ厳しくなるのかが事前にわかるので、銀行に借入れを申し込んだり、固定費やサイトの見直しを行ったりするなど、必要な対策に早期に着手できます。

❷社内の資金管理体制が改善される

資金繰り表は「作成して終わり」ではありません。資金繰り表は1年先までの収入と支払いの予測値を記入していきますが、実際には売上高が計画・予測に比べて8割しか届かないこともあります。逆に新商品が予想以上にヒットし、売上高が大幅にアップするかもしれません。そのたびに情報更新し、常に最新情報をもとに将来を見通していくことに資金繰り表を作成した意味があるのです。そうして常に自社のお金の動きを意識するようになれば、おのずと管理体制の課題も見えてきます。

効率的な資金管理を実現する

たとえば、事業所が複数ある場合、各事業所でばらばらに仕入れを行っていると、請求書が数カ月後まで集まらないことがあります。それでは資金繰り表の更新ができません。そこで、新たに「仕入部門」を創設してすべての仕入れを一括で管理すれば、請求書や領収書をあちこちから集める手間や時間が省けます。効率的な資金管理ができるのです。

いちばんよいのは、**会計を自社で行うこと**です。「会計はむずかしいから専門家に頼みたい」と苦手意識を持っている経営者が多いのですが、会計ソフトを使えば誰にでもできます(いまの会計ソフトはかなり省力化され、レベルアップしている)。毎月の試算表や期末の決算書の作成を会計事務所に依頼する場合も、会計データを渡したほうがはるかに早く仕上がるので、資金繰り表との整合性のチェック作業も効率がよくなります。

何より自分で数字を打つことで、会社の動きを経営者みずから察知することに意義があります。今月は仕入れが多いとか、経費が多いとか、売上が思ったより少ないなど会計事務所の処理よりも先に「気づき」を得ることができるのです。

会計事務所も、より高度な対応が可能に

資金繰り表を顧問先の会社が自社で作成すれば、会計事務所にとってもより高度なアドバイスができます。お客さまの資金管理レベルを上げることも、会計事務所の重要な仕事。中小企業には1カ月分の請求書や領収書を段ボールに詰めて、「よろしくお願いします」と自社の会計を税理士に丸投げしているケースがたくさんあります。すると、月次の書類ができるまでに時間がかかり、自社のお金がどのように回っているのか、正確に把握できません。「支払いのお金が足りなくなってきたな。大丈夫かな……」と不安になっても、その根拠がわからないので手の打ちようがないのです。

さらに会計事務所から渡された月次の決算書類や試算表などの書類を見ても、会計への苦

手意識が先に立つため、1つひとつの項目をきちんと理解しようという姿勢がなく、「このままで大丈夫かどうか」という大雑把な判断しかできません。

そのような状態では、いつまでたっても資金繰りがうまくなりません。資金繰りがうまくならなければ、資金不足に陥るたびに借金が増えていきます。やがて融資限度額いっぱいになり、新規の借入れがむずかしくなる。そうなると、仕入れや支払いを遅らせるか、銀行返済額をリスケジュールするか、税金の未払いを増やすか、最悪は倒産するしかありません。しかし、その状態から立ち直るには、何年もかかってしまいます。

そうならないためにも、会計事務所としては顧問先の会計をすべて代行するのではなく、顧問先自身が自社の資金を管理してもらうことが大切なのです。税理士に依頼する会社としては、自社のことはきちんと自社で責任をもって把握することが大事です。

融資を申し込むときも、先手を打てる

資金繰り表で大事な点は、常に最新の情報に更新し、いつ資金の余裕ができて、いつ不足

が発生するのかを把握することです。

たとえば8月に資金繰り表を更新したとき、「冬のボーナスの支払いが大きく、1月の仕入代金を支払えなくなる」とわかったとします。そのとき考えるべきは次の3点です。

・その資金をどこから借入れるか

・何月ごろに銀行の担当者に相談するか

・スムーズに融資を受けるには、いまから何をすべきか

たとえば担当者に資金繰り表を見せながら、「自社の資金繰りは現在このような状況で、1月に500万円が不足する見込みです。その際に、借入れをお願いしたいと思っています」などと、早い時期から打診できるのです。

資金繰り表を作成し、きちんと活用していることを普段からアピールしておけば、銀行の評価がぐっと上がり、融資交渉がスムーズに進むことは間違いありません。

資金繰り表は、最初の作成には手間と時間がかかりますが、一度つくってしまえば、あとは更新作業であり、将来にわたってずっと活用できます。さらに、資金繰りを安定させるうえで不可欠な銀行融資を受ける際にも、効果を発揮します。取引先への支払いや銀行への返済、商品の仕入れができなくなったりするストレスからは、もうオサラバしましょう。

Column 2

卸売業の資金繰りポイント

❶一に仕入れ、二に在庫

卸売業の生命線は仕入管理と在庫管理に尽きる。

卸売業は仕入れをしなければ売上がつくれない。そのため資金繰り表では、売上が立つ前に仕入れがあり、売上の回収前に仕入れの支払いがある。運転資金が必ず必要になる業種である。

さらに特徴として挙げられるのは、注文が入るとすぐに出荷しなければいけないため、ある程度の在庫が常に必要であること。

資金繰り上、他の業種よりも「在庫＝お金」の意味合いが強く、仕入れを管理するということは、会社のお金そのものを管理することになる。

❷仕入れの窓口を「1人」に集約すること

卸売業は利益率が低く薄利であり、仕入れのコントロールがうまくいかなければ、とたんに資金繰りがショートする。実際、仕入れで失敗をして倒産した会社には、仕入担当が複数人いるケースがほとんどだ。要するに仕入れは営業任せにして、経営者が管理しきれていないのだ。

仕入管理を完璧に行うには、仕入担当者を1人に絞り、すべての仕入れは担当者を通して行うこと。他の社員が勝手に仕入れを行うことができないシステムも必須である。

経営者は、仕入担当者の能力を見極めることも重要だ。担当者に仕入業務を集中させる環境をつくっても、その担当者に管理能力がなければ、おしまいである。

特に、必要以上に仕入れるような人物には、注意したい。「お客さまから注文を受けたときに在庫を切らしておきたくないから、多めに仕入れたい」と考えがちだからである。

顧客の注文に素早く対応できるのは大事なことだが、必要以上に多すぎる在庫は、資金繰りに悪影響を与えてしまう。

❸先行仕入資金が資金需要となる

卸売業が運転資金を借りるときは「仕入先行資金」である。仕入れを行うための資金。ところが、銀行が考える正常な運転資金と会社が考える運転資金が一致しない場合、「この会社は在庫管理ができていない」と思われ、印象が悪くなる。

銀行の運転資金の算式である「売掛金」+「在庫」－「買掛金」のなかでも、卸売業に対していちばん注目しているのは「在庫」。このことには留意しておきたい。

❹仕入ロットだけに目をとられない

必要以上の仕入れをしてしまう理由の1つが、最低ロット数である。

「お客さまからの注文数は1個だが、100個単位でしか販売していない」

このようなとき、相手の言葉を鵜呑みにして100個購入する必要があるのか。100個購入するのを正当化させる言い訳としては、「社長、この商品は1年かければ全部売り切れます！」と答えるはずだ。しかし、現実としてはその売れ残りが積み上がっている。そして、1年後には100個仕入れた事実も忘れてしまっている。

たとえば「最小ロット数を交渉し、割高になっても構わないから10個単位で販売してもらう」「オーダーが5未満の場合は仕入れを行わない」など、状況に応じて適切な仕入れができなければ、不要な在庫が膨らむばかりである。

❺棚卸は決算期だけでなく、年3回は行う

では、この状況を卸売業の立場で考えてみる。在庫が膨らむ事態を未然に防ぐには、まず倉庫を「極力小さくする」べき。倉庫が小さければ「いま、何を仕入れるべきか」を、より真剣に考えることができるため、ロスが減り、利益が増える。

また、少しでも資金繰りを安定させるには、たとえば、

「支払いを10日早くしていただけたら、2%割引します」

「現金支払いなら、2%割引になります」

など、現金での回収や手形サイト短縮の交渉に努める。

もちろん、棚卸は年に1回の決算期だけではなく、少なくとも年3回できれば四半期ごとに行うことも重要だ。

卸売業は、もともと利益が少ない商売である。値引きをするのは勇気がいるかもしれない。しかしサイトを改善することで、運転資金を減らすことができたら、それだけ借金を減らすことができる。

商品を2%値引きして損が生じたとしても、銀行からお金を借りるときに2%の利息がつくのであれば、同じことだ。

利益が少ない業種であっても、このように根拠のある数字の範囲内なら、交渉の手段として積極的に値引きをしてもよい。特に新型コロナ禍のような時期は消費者のニーズが大きく変化し、これまでの仕入れの考え方や商品趣向では通用しなくなってしまうことを肝に銘じてほしい。

第3章

資金リスクに強い会社をつくる!

資金の流れが滞ってしまったら、あちこちで問題が発生し、外部のちょっとした変化にも対応できなくなってしまいます。

そうした資金リスクに負けない会社をつくるために、業績がいい会社はどのようにして資金繰りを保っているか、業績が悪い会社は何が原因で資金繰りが悪化しているのか、いくつかのポイントについて見ていきます。

01

債権債務をいたずらに増やさず〝資金繰り主義〟に徹する

会社は何が原因で倒産してしまうのか。これを正しく理解している経営者は、会社にお金を残すために最大限の努力をします。数字としての「売上」ではなく、**いま、会社にいくらお金があるのか**を常に意識しているのです。

このような会社は黒字倒産になりません。

また、会計書類からは正確なお金の流れが見えないので、自社の会計を税理士に丸投げせず、できる限り社内で把握するよう努めます。すると、業績とお金の関係がリアルタイムで把握できるようになります。

このように、**会社のお金を意識し、その流れに注意を払っていることを「資金繰り主義」と言います。**

業績が悪化して改善に取り組む際の資金繰り主義の対応

資金繰り主義では、業績に対してどのような対応をとるのか。業績が悪化したときは、資金繰り表のなかで、どの項目の数字が変化しているか、何が資金繰りを圧迫しているのか、どこをどれくらい調整すれば改善できるのかといった分析が可能になり、厳しくなる前に対策を打つことができます。

さらに、事業の改善に取り組む段階では、売上目標ではなく粗利益目標を中心に計画を立てます。売上がアップしても、粗利益が増えなければ意味がないからです。

たとえば、次のケースでどちらが儲かっているでしょうか。

事例　A社は商品を80円で仕入れて100円で販売している。100万個売れたので、売上1億円、粗利2000万円になった。

B社は商品を75円で仕入れて、同じように100円で80万個販売した。売上は8000万円だが、粗利は同じく2000万円になった。

儲かっているのは、売上は低くても同じだけの粗利を上げているB社です。売上を上げることに躍起になるのではなく、**会社にお金を残すことを重視したビジネスを展開する。それが業績アップの近道**です。

資金繰りのいい会社は回収が早く、支払いが遅い

資金繰りを好転させる秘訣は、回収サイトを短くして支払サイトを長くすることです。図表11の資金繰り表の右端、当期累計額の数字を見てください。

理想は、売上高の合計と現金収入（売上回収）の合計額が一致することです。売上高の合計額が2億円である場合、売上回収合計額も2億円に達している。これが「資金繰りがいい状態」です。

逆に、**支払サイトは遅いほうが有利**です。たとえば原価合計額が1億円になっていて、原価支払いの合計額が7000万円になっていれば、差額の3000万円分、資金に余裕ができます。回収が早く支払いが遅いと、経常収支は自然とプラスになります。

ただし、支払いが遅すぎると仕入先にとっては回収が遅れることになり、仕入先に負担を

図表11｜資金繰りがいい状態とは？

（単位：千円）

			当期累計
受注金額（税込）			271,300
売上高		A 工場（税込）	141,000
		B 工場（税込）	43,300
		C 工場（税込）	87,000
		合計	271,300
原価		材料仕入費（40 日サイト）	5,650
		工具・消耗品費（40 日サイト）	13,800
		外注費（40 日サイト）	36,600
		リース料（当月）	4,950
		電気・ガス（30 日サイト）	9,000
		労務費（当月）	72,500
		保険料（当月）	3,160
		運賃（当月）	1,160
		旅費交通費	2,600
		修繕費	6,800
		合計	156,220
売上総利益			115,080
月初現預金			
資金繰り	現金回収	A 工場	61,900
		B 工場	19,800
		C 工場	62,000
		サイト調整	0
		計	143,700
	（手形回収）		121,000
	手形割引		115,000
	現金収入合計		258,700

2つの合計額が一致しているのがベスト！

強いることもあり得ます。その点、**自社の回収が早ければ、おのずと自社の支払いをいたずらに遅くする必要もなくなります**。つまり、回収が早ければ資金が好循環する体質になっていくのです。

中小企業の経営者には売掛金が増えることで、「将来、現金が増える」と勘違いする人がいるかもしれません。

しかし、前述のように売掛金がすべて現金化されるとは限りません。

このようなことを考慮すると、売掛金（債権）も買掛金（支払い・債務）もいたずらに増やさず、資金繰り主義に徹することが資金リスクに強い会社をつくることになるのです。

02 資金繰りのよい会社の在庫管理

在庫管理は商売の基本です。しかし、普段から在庫のコントロールについて真剣に取り組んでいる中小企業はほとんどありません。多くの中小企業経営者は売上が急速に落ちるような状態になってから、初めて仕入れと在庫のバランスについて考え始めます。

しかし、それでは遅いのです。

資金繰り表から適正な在庫量を判断する

資金繰りをよくするためには、「在庫を一刻も早く現金化させる」「保管するのはフレッシュな商品だけ」「倉庫のサイズを小さくする」と述べましたが、自社にとって最適な在庫量はどれくらいか。たとえば資金繰り表を作成するなかで在庫の回転期間（在庫高÷売上原価）などを見ていけば、在庫が増えつつあるか、適正かどうかについてはおのずとはっきりしてきます。

適正な在庫量がわかれば、倉庫はその量が入るだけのスペースで十分です。必要以上に大きな倉庫であったり、複数の倉庫を持っていたりすると、その分、賃借料や光熱費、人件費、保険料、固定資産税などの固定費がかかってしまいます。

仕入れ→保管→発注の過程で、ロスをなくすシステムをつくる

倉庫での在庫管理では発注表や仕入伝票、納品書などを一括してチェックする体制をつくる、棚卸を毎月実施する、ロスが発生した場合は必ず分析を行うなど、**仕入れ→保管→発注の過程で徹底的にロスをなくすシステムをつくっていく**ことが大事です。

古くなった在庫はセールで現金化すればよいのではなく、「古い在庫が倉庫に存在しない」状態をめざすのです。

03 資金繰りのよい会社の取引先との交渉術

資金リスクに強い会社は、売上の回収が早く、支払いもよい。これを実現するには、取引先と交渉するしかありません。特に手形で回収する場合、支払期日まで現金化できないので要注意です。支払期日前に現金化したい場合には銀行に割引を依頼できますが、支払期日までの利息相当額を割り引かれてしまいます。

そのため、回収を早くするには現金で回収することがいちばんです。「手形による支払いでなければ無理」と取引先に言われた場合は、せめて期日を短縮してもらうよう交渉します。

資金繰りのよい会社は、取引先とゼロベースで交渉する

手形取引の場合、手形が振り出されてから支払期日までの日数は、一般的に30日、60日、

90日、120日です。そこで、90日であれば60日に、60日であれば30日に短くしてもらうよう交渉します。資金繰りの改善のため支払いを遅くする方法はこの逆です。現金であれ手形であれ、支払サイトが30日なら60日に、60日なら90日にしてもらうよう交渉します。

もちろん、こちらが一方的に有利になるだけの交渉は成立しません。取引先にもメリットがあって、納得してもらえるような条件を提示する必要があります。

そのために、一度**ゼロベースで検討し、交渉するとよい**でしょう。

「長い付き合いだから」「いままでこの条件で取引をしてきたから」という固定観念に縛られず、自社にとって最適な、**相手にとっても悪くない新しい取引のスタイルを常に模索することが、取引先と長く良好な関係を続けていく秘訣**です。

一度決めた契約は、なかなか変更できません。取引先との力関係もあり、強く言えない場合もあります。だからこそ、支払いや入金の取決めは、初めが肝心です。必要以上に低姿勢にならず、こちらの希望をハッキリと伝えてから交渉に入る。自社の資金繰りを守るという意識があれば、むずかしいことではありません。

04 資金繰りのよい会社の手形の扱い方

まず大前提として、資金繰りがよい会社は、極力、売上を現金で回収します。手形による決済は、代金の支払いを先延ばしにできる、つまり回収サイトとのギャップをコントロールできるため、手形を振り出す側（手形債務者）にとって有利になります。

一方、手形を受け取る側にとっては、回収サイトが長くなり、資金繰りが悪化します。さらに売掛金を手形で受け取ることは、支払期日までの期間、自社がその金額を無利息で立て替えているようなものです。相手が支払期日までに手形金額を支払うことができなければ不渡手形になり、不渡手形を6カ月間で2回振り出すと銀行取引停止処分となり、相手の会社は事実上の倒産です。そうなれば、売掛金の回収は不可能になります。

このリスクを100%避けるためには、現金で回収するしかありません。

どうしても手形で受け取るしかない場合でも、全額を手形にするのではなく、「現金

50％・手形50％」「10万円未満は手形・10万円以上は現金」で支払ってもらう、一部を前受金として現金払いしてもらうなど、少しでも現金で受け取る交渉をして、手形を受け取る際の万が一のダメージが少なくなるようにしておきます。

資金繰りのよい会社は、裏書譲渡で手形を現金のように扱う

売上を手形で受け取ったとき、支払日をただ待っているだけではリスクを回避できません。受け取った手形は、一刻も早く現金化しなければいけないのです。

「手形の現金化」と聞いて真っ先に浮かぶのは、銀行に買い取ってもらう手形割引でしょう。それも一つの方法ですが、その前に行うべきことがあります。

手形の所持人は、裏面に署名・捺印することによって手形を第三者に譲渡できます。これを**手形の裏書譲渡**といいます。手形を銀行で割り引くと利息の支払いが発生しますが、裏書譲渡の場合は利息が発生しません。

たとえばA社に商品を販売し、その売上代金を約束手形で受け取ったとします。その後、

B社から商品を仕入れました。このときB社への支払方法として、A社から受け取った約束手形を使うことができます。

まず、B社に裏書譲渡での支払いについて交渉します。承諾を得たら、手形の裏面に署名と捺印をし、B社の名前を記載して譲渡します。

これは手形を現金に換えるのではなく、手形を現金の代わりに使う方法です。ただし手元の現金が増えるわけではありません。現金を増やしたいときは、銀行で手形割引をしてもらうといいでしょう。

状況に応じて手形を有効に使えるようになることが大事なのです。

05

資金繰りのよい会社の与信管理

取引先が倒産して売掛金が不良債権になり、自社が黒字であっても連鎖的に倒産する。中小企業は常にこのリスクを背負っていることを自覚し、取引先が倒産しないか常に目を光らせておかなければいけません。

前述したように、与信管理を怠ると黒字倒産のリスクが高まります。特に新型コロナ禍のような状況下では連鎖倒産リスクは高まりますので、注意が必要です。

与信管理は取引前の信用の確認・調査が大事

与信管理ができている会社では、新しい取引先と信用取引を始める前に、図表12に挙げたようなチェックを行っています。

図表12｜新規取引の際の与信チェック

- □ 有価証券報告書や事業ホームページ、パンフレットなどから情報を収集する
- □ 帝国データバンクや信用機関からの情報を1年に1回は見る
- □ 同業他社からの風評などの情報をこまめに得る
- □ 法務局の商業登記簿謄本を見て、本社の所在地や代表者が頻繁に変わっていないか確認する
- □ オフィスの様子を細かく観察する（活気があるか、整理整頓ができているか、書類を正しく管理しているか、など）

また取引を開始したあとも、次のようにしっかりと売掛債権の管理を行います。

・取引先ごとに「与信枠」「売掛金の発生」「売掛金の回収」を記載する売掛金元帳を作成して管理する

・期日までに支払いがない場合は電話で催促する。正当な理由がなく入金されないときは内容証明郵便を送る

手形割引を依頼し、信用度を測る

手形取引をしている場合は、銀行に手形割引を依頼してみることで信用度を把握する方法もあります。銀行は手形割引の依頼を受けると、振出人企業の信用調査を行い

ます。そして信用度が低いと判断すれば、「この手形は割れません」と返答します（銀行では、これを「割り止め情報」と言い、定期的に割り止め先の情報が更新されています）。

手形が割れないということは、銀行が「この手形は不渡りになる可能性がある」と言っているのと同じです。その場合、その会社との取引は手形で行うべきではありません。取引額を下げる、取引そのものを停止するなど、早急に対策を立てる必要があります。

契約をして売上が確定しても、その代金を回収するまで気を抜かず、与信管理と回収管理をしっかり行う。そうすることで、不良債権のリスクを確実に減らせます。

自社の営業担当者にも「営業は売上・利益を上げて回収できて初めて仕事が終わる」としっかり教育すべきです。

06

資金繰りのよい会社の運転資金の借り方・返し方

事例　A社は、回収サイトが3カ月、支払サイトが1カ月で、月商2カ月分の資金が常に足りない状態。この不足分は通常、銀行からの借入金で補充していた。
A社は不足分の運転資金を借りて、事業を続けている。2カ月後には売上金を回収できるので、そのお金で借入金を返済することができる。そうして1年後には不足分の運転資金を全額返済している。

A社の対応は資金繰りとしては一般的ですが、回収サイトと支払サイトを変更していないため、2カ月分の資金が足りない状態に変わりはありません。そこで再び運転資金を借り直すことを続けます。

これを**折り返し資金**と言います。

順調に折り返し、常に返済と借入れを継続させていく

このように運転資金の借入れ目的は、常に返済と借入れを継続させていくことで事業の安定と継続を図ることです。資金繰りが安定している会社では、この運転資金も安定し、折り返し資金として借入れを続けています。

もちろん、その間にサイトの短縮などの改善に取り組み、必要な運転資金を減らす努力を怠りません。運転資金が減り、その負担が軽くなれば、借入れと返済の額そのものも軽くなるため、ますます資金繰りがスムーズになるのです。

借入れを繰り返しながら利益を増やしていく

事例 A銀行から3000万円を借入れて、1年間で3000万円を返している会社がある。今期の経常収支がプラス1000万円になった。利益をすべて返済に

充当しても、2000万円が不足する（ほかに設備資金等の借入れはないものとする）。
この状態を、どう思うか？「この会社は危ない」と思うかもしれないが、そんなことはない。

中小企業の資金繰りでは銀行からの借入れの返済をしても経常収支がプラスになることが理想です。ところが、年間の利益が返済額を上回る中小企業は、実はほとんどありません。では、この会社の場合、不足する2000万円分の返済はどうするのか。A銀行もしくは他の銀行から借りるのです。

「借金を返すために借金するなんて、とんでもない」と考えがちです。確かに、個人であればローン破綻などを招き、よくないことかもしれません。しかし、会社は銀行からお金を借りて経営するのが普通です。銀行や投資家・出資者など他人のお金を有効に使って利益を上げ、自社はもちろん社会に還元することで経営・経済が成り立っているのです。

それに、借金の金額をよく見てみましょう。初めは3000万円の借金があり、1年間で3000万円を返済しています。

今期の利益は1000万円あるので、新しく借りるのは2000万円です（本当は利益をすべて返済に充当しませんが、ここではわかりやすくします）。これで3000万円の借金はすべて返済できます。

来年からは2000万円の借金返済が始まります。……どうでしょう？　借金は増えていません。むしろ1000万円減っています。

このペースで徐々に借金を減らしていきます。A銀行の返済が順調に完了したら、次の借入れをします。**銀行は経常収支がプラスであれば、返済が可能だと判断して、新しく貸してくれます**。

来期の利益も同じ1000万円だとすれば、やはり1000万円足りません。そこで、銀行から1000万円を借りて、返済に充てます。

再来年には2000万円の借金返済が終わり、残っている借入れは1000万円です。1000万円なら利益で返済できるので、再来年の年度末には借金がゼロになります。

このように借金をしながら会社を成長させ、利益を増やしていく。これが資金繰りの安定している中小企業の資金管理であり、経営手法なのです。

07 固定費と変動費のバランスを適正に！

起業したばかりの頃は固定客がなく、商品の知名度も低いため、売上が好調な月があれば不調な月もあります。毎月の利益が安定しないため、なるべく固定費を減らそうと努力をするはずです。その結果、売上に対する変動費と固定費の割合は、次のようになります。

・変動費率＞固定費率

その後、ビジネスが軌道に乗り、毎月一定の利益が見込めるようになれば、変動費率が低くなります。

さらに増えた利益を投資に充てて商品数や店舗を増やせば、固定費が上がります。月々の支払いが増えますが、それは経常利益で処理できます。つまり、

・固定費率＞変動費率

になっていくのです。

固定費と変動費のバランスを整えて、軌道修正していく

順調に業績を伸ばしたとしても、いつまでも右肩上がりのビジネスはありません。強力なライバルが現れた、昨今なら新型コロナ禍の影響をもろに受けた……など、さまざまな要因で自社の売上が下がったとき、どうすればよいでしょうか。

資金繰りが優秀な会社では、まず固定費と変動費のバランスを見直します。そして、売上に影響しない固定費をできるだけ軽くして、売上を上げるための変動費に注力するのです。

支出を見直して固定費のコストカットを進めながら、商品の質を向上させて価格を維持すると、一時期は「変動費率＞固定費率」の状況になりますが、やがて固定費と変動費のバランスは元のように適切な「固定費率＞変動費率」に戻ります。

なぜ固定費をカットするのか。それは固定費の多寡は売上に影響しないからです。売上を増やさなくても、固定費が下がれば利益が発生します。この対応をとるには固定費と変動費の区別を明確にしておかなければなりません。峻別できていれば、何を優先してコストカットしていくべきかがわかるため、決してむずかしいことではありません。

08 資金繰りのよい会社は経営セーフティ共済を利用している

どれだけ与信管理を徹底しても、ビジネスに100%はありません。手形が不渡りになった、取引先が突然倒産したなど、不測の事態はつきものです。そのような事態に対応するため、中小企業基盤整備機構（中小機構）では「**経営セーフティ共済（中小企業倒産防止共済）**」を設けています。資金リスクに強い会社はそうした予防策をとっています。

経営セーフティ共済とは売掛の保険

経営セーフティ共済は売掛の保険です。月1万円から積み立て（年間240万円まで）が可能であり、売掛金が焦げ付いたときに「積立額の10倍の金額」まで無利息で借りることができます。また、年間の保険金が損金になり、7年間積み立てた額は満額で戻ってきます。

事例 経営セーフティ共済を毎月2万円ずつ積み立てると、1年間で24万円になる。ある日、取引先から250万円の手形を受け取った会社が、すぐに現金が必要であったため、銀行で割り引いてもらい、現金化した。

ところがそのすぐ後、その取引先が倒産してしまった。手形を割り引いたあとにその会社が倒産して手形が不渡りになれば、割引を依頼した会社はすぐにその手形を買い戻さなければいけない。しかし現金化した手形金額はすでに支払いに使ってしまい、手元に十分な資金はない。このようなとき、経営セーフティ共済から借りることができれば、24万円の10倍の240万円まで借り、一括で買い戻せる。

経営セーフティ共済によって借入れると、借金が増えることになります。しかし、この貸付けがあると、連鎖的に倒産する憂き目に遭わなくてもすむのです。

銀行の割引の審査においても依頼する会社が「セーフティ共済」に加盟しているかどうかは気にしています。買戻し能力を審査するポイントと言ってもよいでしょう。

09 売上至上主義、売掛債権・固定費の増加……これだけはゼッタイにやめよう！

資金繰りが悪化して倒産した会社の経営者は、ほとんどが「売上至上主義」です。「売上さえ上げれば、何とかなる」「売上が上がれば、利益も発生する」という思考から、いつまでたっても抜けられないのです。

売上＝利益ではありません。極端な例ですが、次の2つはどちらも「売上1000万円」です。

A　5000万円で仕入れた商品を1000万円で売る→4000万円の赤字

B　40万円で仕入れた商品を50万円で20個売る→200万円の黒字

5000万円の商品が1000万円で販売されていれば、誰でも購入しようと思います。これでは単なる激安セールですが、それでも「1000万円の売上を上げた」と言えてしまうのです。

しかし、会社のお金として残るのは利益です。利益を出すビジネスを続けて現金を増やしていかなければ会社は成長できません。これは経営者でなくてもわかる常識でしょう。

売上を追うほどに、資金繰りが悪化する

当たり前のことなのに、なぜ「売ること」ばかりに力を注いでしまうのか。1つは、世間が会社を評価するときの言葉の問題です。

「創業から5年で売上30億円を達成したベンチャー企業」

「年商10億円の若手実業家」

このような言葉がまぶしく見えて、「売上を上げれば世間に注目される！」という間違った認識を経営者に与えてしまっているのです（余談ですが、無理に黒字をつくって「この会社はいくら納税しました！」といった言葉も中小企業にとっては羨望の思いがあります）。

中小企業の場合、経営者の価値観がビジネスに大きな影響を与えます。無謀な売上目標を掲げると、社員はそれを達成するために必死に働きます。そのうち「利益を出す」という意識が抜け落ちてしまい「とにかく売れればいい」とビジネスの本来の目的を見失ってしまう

のです。

「売る」ためには仕入れが必要です。商品をたくさん売るために大量の仕入れを行います。しかし、十分な利益が出ていません。「商品はたくさん売れたのに、おかしいな」と首をかしげているうちに、支払日が到来して、資金ショートを起こしてしまいます。また、仕入れを大量に行い、売上目標は達したものの、倉庫を見れば在庫の山（仕入れが売上よりも多いケース）もあり得ます。

経常収支がマイナスだと、やがて破綻する

資金繰りが悪化する主な原因は、回収サイトと支払サイトのズレです。売上が入金されるよりも先に支払日が来ると、資金繰りはショートします。足りない資金を銀行から借入れることができても、問題そのものは解決していません。「銀行から借りられたから、もう安心」と目先の解決に満足してしまうかもしれませんが、取引先との交渉に取り組まずに問題を放置していると、「支払日になっても入金されない」「分割での支払いを要求される」など、新たな問題が次々と発生します。

そうこうしているうちに、経常収支がマイナスになり、借入金の返済もできなくなります。「足りない分は借りればいい」と思うかもしれませんが、追加の借入れをしながら借金を減らしていけるのは、経常収支がプラスの場合だけです。

たとえば経常収支が1000万円マイナスで、銀行への返済が3000万円ある場合、不足分は4000万円です。仮に4000万円を借りることができて、3000万円の借金を完済できたとします。しかし、4000万円の借金が残ります。前期よりも1000万円、借金が増えています。**経常収支が赤字のままではこの借金を返済できるお金はありません。**

すぐにでも資金繰りを改善しなければ債務超過になり、会社が倒産してしまいます。

「銀行から資金を借りれば、とりあえず何とかなる」。確かに一時的には資金繰りが改善しますが、そのあとに地獄が待っています。資金繰りが厳しい場合、経常収支のマイナスは決して放置してはいけないのです。

売掛金をどんぶり勘定で受け取る

何度も顧客を訪問し、熱心に商品を売り込んで、ついに契約を成立させた。しかし、それはゴールではありません。ビジネスの目的は利益を出すことです。商品が売れて、その売上が利益になり、会社のお金になるまで完了しません。特に現金商売ではなく信用取引の場合は、売掛金を確実に回収することが何よりも大事です。

ところが、**売ることばかりに気をとられていると、売掛債権の管理がおろそかになりがち**です。どの会社も程度の差はあれ資金繰りに困っていますから、支払いはできるだけ遅くしたいと思っています。そのため「支払いが遅れても何も言わない相手」「ペナルティーを受けない相手」に対しては、どんどんルーズになっていきます。

最初は1日遅れ、翌月は1週間遅れ、その次の月は20日遅れ。そのうち「お金ができたら送ります」と言い出すかもしれません。また、3カ月分（40万円・50万円・30万円）、合計120万円の支払いが溜まり、催促の電話をかけたところ、「いますぐ120万円は無理なので、とりあえず半額の60万円を先に送ります」という返事が戻ってくることもあります。

売掛金を回収せず放置していると、一般的に5年で相手の「売掛金を支払う義務」が時効により消滅してしまいます。必ず古いものから「○月分」として、すべての売掛金を確実に回収しましょう。どれほどがんばって売上を上げても、そのお金が会社に入ってこなければば、経営を維持できません。

重すぎる固定費によって赤字体質に

売上至上主義の経営者は、売上を上げることしか考えていません。そのため「経費の見直し」をほとんど行わず、特に固定費にはムダなものがたくさん詰まっているのに意に介しません。たとえば役員報酬は、最初は少なかったかもしれませんが、業績が右肩上がりになったときに報酬額をアップさせ、業績が落ちてしばらく経ってもそのまま放置しているケースがあります。

経営者は、報酬アップは積極的に行っても、下げることには二の足を踏みます。報酬を下げることは、自社の業績が下がったことを認めることになるからです。売上しか見ていなければ、たとえ利益が減っていても「儲かっている」と錯覚してしまうため、会社にお金がないことを頭でわかっていても報酬を下げることに納得できません。

交際費を抑えることができないのも同じ理由です。

「A社長とはいつも老舗の料亭か高級ホテルのレストランで会い、お土産も渡している」

「会合場所のグレードを下げたりしたら、業績が落ちていると思われて信用を失う」などという経営者の見栄が、円滑な資金繰りの邪魔をしているのです。ほかにも、滅多に参加しないビジネスクラブなどの年会費、アクセス数がほとんどないホームページの維持費、効果を検証していない広告宣伝費など、削減できるコストはたくさんあるはずです。

固定費は売上の増減とは関係のない経費。だからこそ経営が苦しくなったときに最初にメスを入れるべき領域です。**売上が上がらなくても、固定費が減れば利益は生まれます**。固定費をカットしないまま、「最近売れなくなったから、思い切って値下げしよう」などと安易に商品の価格を変えてしまったら、どうなるでしょう。固定費が高いまま変動費が上がると、損益分岐点が高くなります。

すると、売上が損益分岐点以上になっても利益が少なく、売上が損益分岐点以下の場合は損失が大きくなるという、ハイリスク・ローリターンの体質になります。ますます赤字が増え、利益が減る体質になってしまうのです。

それぞれの会計項目の意味を理解せず、「手をつけやすい部分」だけで経営をよくしようと思っても無理なのです。

手形の濫発は自社の首を絞める!?

手形での支払いは資金繰りをコントロールする有効な手段の一つです。まず取引先に支払いを手形で行いたいことを伝え、取引先から同意が得られて手形を振り出したら、支払期日まで支払いを延期できます。手元に資金がないとき、通常は銀行からお金を借りて支払いますが、返済まで利息を払い続けなければいけません。

一方、手形を振り出せば、事実上無利息で支払いを延期できます。

しかし、支払日に振出人の当座預金口座の残高が不足していた場合、受取人は銀行から換金を拒否されます。手形の不渡りです。

会社は2回の不渡りがあれば銀行から取引停止処分を受け、新規の融資が受けられなくなり、全国の銀行から要注意先扱いされます。そうなれば、会社は身動きがとれなくなり、すぐ倒産するでしょう。

軽い気持ちで手形を振り出すと、取り返しのつかない事態を招いてしまいます。**手形の発行はなるべく避けましょう。**

10 LGF(ローカル、グローバル、金融)と資金繰りの関係を整理しておこう

LGFという言葉をご存じでしょうか。感染症の蔓延などでパンデミック(世界的大流行)が発生したとき、その影響がL(ローカル)、G(グローバル)、F(フィナンシャル、金融)にまで影響が及ぶと指摘されています。昨今の新型コロナ禍では、すでにLの部分は相当なダメージを受け、2020年10月時点ではGまで大きな影響を受けています。

元に戻らない経済環境のなかで、業績回復に向けた資金繰りの役割

日本におけるLは国内産業で、それぞれの地域産業と言うこともできます。特に飲食、小売業、卸売業、宿泊・サービス業はダメージを受けているでしょう。この段階から2020年10月現在は経済的にはG、すなわちグローバル産業が影響を受け、日本では輸出入の多い

製造業や加工業、特に自動車などの輸出産業はすでにダメージを受けています。

さらに状況が厳しくなると、F、金融業が大きなダメージを受けます。金融業がダメージを受けると、すべての業種にダメージをもたらします。そうなると、資金繰りにおいては一企業の努力や経営の才覚だけでは如何ともしがたい状況になるわけです。

この先、どのような方向に向かうのかは即断できません。しかし、急激に元に戻るようなことは考えにくい。そのため、一企業としては経済・経営・売上・資金繰りなどが元の状態に戻るとは考えず、前述した7割経済・5割経済下においての資金繰りのあり方を再構築していく必要があります（2020年10月時点）。

それぞれの業種・業界・企業においては業績がダメージを受ける場合も業績を回復できるようになるまでも、いわば「時差」があります。新型コロナ対策融資における据置期間も含めて時間を有効活用し、ポスト・コロナ下の経営のあり方を見直していきましょう。

資金繰り面において大事なのは、**業績を回復できるようになるまでの期間を持ちこたえることができるかどうかを資金繰り表で見直すこと**。たとえば新規事業に進出する際には軌道に乗せることができるかを資金繰り表によって可視化していくことが求められます。

Column 3

製造業の資金繰りポイント

❶「真の原価率」を把握する

製造業で最も大切なことは「真の原価率」を把握することだ。具体的にポイントを挙げていこう。

まず、資金繰り表の売上区分を「製品ごと」に設けているか。

すべての商品の売上を一括りにしてはいけない。製品ごとに分ければ、仕入原価の予測が立てやすくなる。

加えて製造原価となる変動費と固定費の区分に間違いはないか。

この区分に間違いがあると、正しい原価率が算出できなくなってしまう。しっかりと確認しよう。

❷労務費は適正か？ 製造工程を見直す

工場勤務の社員の人件費が、毎月変動しているか。本社勤務の社員とは異なり、受注の増減に合わせて、残業時間や休日出勤の日数が大きく変わる。毎月一定の金額になっていないか確認しよう。

また、工場の水道光熱費や家賃を製造原価に組み込んでいるか。これも人件費と同様、受注の増減に合わせて変化する。製造原価の計算に含まれていないことが多い項目だが、これらの費用は商品製造に不可欠であるため、必ず入れておく。

❸設備修繕費は資金繰りに織り込んでいるか

製造業は、機械がストップしてしまうと何もできなくなる。

定期的なメンテナンスが欠かせないため、

変動費（原価）の部分に「修繕費」という欄を設けておく。

❹設備資金の返済期間は償却期間と一致

資金繰りにおいては、過去に工場や機械設備の取得のために銀行から融資を受けた場合、その返済額について確認しよう。

返済額が返済をまかなう資金繰り上の利益より高くなっていることがある。毎月の返済額が資金繰りを悪化させる要因になっている場合は、銀行の担当者に資金繰り表を提示して説明し、返済額や返済期間について相談しよう。

また、資金繰りにおいて製造業だけは「保険」も重要なポイント。事故やケガのリスクが高い業種なので、損害保険や生命保険にはきちんと入っておく。各社でリスクをきちんと分析し、資金繰りに悪影響を及ぼさない範囲で適正な額のリスクヘッジを行う。

第 4 章

月次B/Sから
資金繰りを読み解く

資金繰り表の下には、「借入返済」「短期借入金調達」「長期借入金調達」という欄があります。これは、企業努力だけではどうしようもないとき、銀行から資金を調達して事業の運転資金に充てるための項目です。

そこで、銀行から運転資金を借りる交渉を行う際に、読めるようになっておきたいB /S（バランスシート、貸借対照表）について、ポイントを絞って解説します。

01 まず知っておきたいB／S（貸借対照表）の基礎知識

貸借対照表は左側に**資産の部**があり、右側に**負債の部**と**純資産の部**があり、左右の合計額が必ず一致する構成になっています。このためバランスシート（Balance Seat）、略してB／Sと呼ばれています。左側の「資産の部」は、土地や車両、有価証券など、どのような資産が会社にあるかを示しています。右側の「負債の部」と「純資産の部」は、それらの資産を得るためにどうやってお金を集めたかを表しています。たとえば銀行からの借入れや株主から得た資本金、事業で稼いだ利益などです。

流動資産と固定資産に分かれる【資産の部】

では、図表13を参照しながら少し詳しく見ていきましょう。資産には「流動資産」と「固

図表13｜ B/Sの概念図

（単位：千円）

資産		負債		
流動資産	430,000	**流動負債**	150,000	他人資本
現金預金	160,000	支払手形	80,000	
受取手形	100,000	買掛金	50,000	
売掛金	130,000	短期借入金	20,000	
商品	40,000	**固定負債**	320,000	
		長期借入金	160,000	
固定資産	510,000	社債	160,000	
土地	160,000	純資産		
建物	200,000	資本金	360,000	自己資本
機械	150,000	利益剰余金	110,000	
合計	940,000	合計	940,000	

資産の部＝負債の部＋純資産の部

定資産」があります。

・流動資産……決算日から1年以内に現金化できる資産。現金や預金、受取手形、売掛金などが該当する

・固定資産……1年以上継続して保有している資産。土地や建物、機械や車両などの有形固定資産と、特許権や商標権、著作権などの無形固定資産などが該当する

会社の運転資金となるのは、現金化しやすい流動資産です。そのため資産が多くても固定資産の割合が高いと、運転資金に使える現金が減ってしまい、資金繰りが苦しくなります。

流動負債と固定負債に分かれる【負債の部】

負債も同様に**流動負債**と**固定負債**に分かれています。

- **流動負債……決算日から1年以内に支払い（返済）の必要がある負債**
- **固定負債……決算日から支払い（返済）までの期間に1年以上猶与がある負債**

流動負債は支払手形や買掛金、短期借入金などです。短期間での支払いが必要であるため、この金額が多いと資金繰りが悪化する可能性が高まります。一方の固定負債は社債や退職給付引当金、長期借入金などが該当します。

資産から負債を差し引いた【純資産の部】

純資産とは「資産」から「負債」を差し引いたお金であり、原則的には誰にも返済する必要がないお金です。

純資産には「資本金」と「利益剰余金」の2つがあり、資本金は会社設立時に自分が用意したり、株主から出資してもらったりしたお金です。利益剰余金は会社設立時から稼いだお金です。

純資産は返済の必要がないもので**自己資本**とも呼ばれ、将来的に返済しなければいけない負債は**他人資本**とも呼ばれます。そして「自己資本＋他人資本」の合計額のうち、自己資本が占める割合を**自己資本比率**といい、この割合が高いほど経営状況が安全であると判断されます。

また、返済する必要がないにもかかわらず自己資本が「資産の部」に入らないのは、主に出資してもらった場合、出資金は会社を解散しない限り返す必要がないものの、広義では借金とみなすこともできるためです。

02 資金繰りの良化・悪化が判断できる流動比率

ここで問題です。資金繰りに問題があるのは、次のAとBのどちらでしょうか。

A　流動負債∧流動資産

B　流動資産∧流動負債

流動資産は1年以内に現金化できる資産です。そして流動負債は1年以内に返済の必要がある負債です。返済には当然、現金が必要です。返済額のほうが手持ちの現金額よりも多い場合、資金繰りが苦しくなります。つまり、資金繰りに問題があるのはBのパターンです。

流動比率が大きいほど手元資金も多い

「**流動資産÷流動負債×100**」で算出した数値から、資金繰りの状態を確認することがで

図表14｜ 企業の安全性を示す流動比率

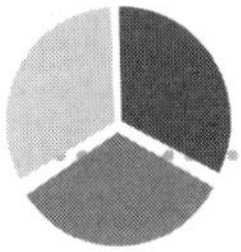

理想	▶ 200% 以上
優良	▶ 150%~200% 未満
健全	▶ 130%~150% 未満
普通	▶ 100%~130% 未満
注意	▶ 100% 未満

きます。これを**流動比率**といいます。

簡単に言うと、流動比率が大きいほど手元資金も多くなります。流動資産が流動負債の2倍以上ある場合、流動比率は２００%。これは、支払手形・買掛金・短期借入金などの負債を2回返済できるということです。

逆に、流動負債のほうが多くなると、流動比率は１００%以下になり、資金繰りがショートする可能性が高くなります。

流動比率は「会社の返済能力に問題ないか」を示す指標の１つで、図表14のように5段階で評価されます。銀行の融資の審査では、**流動比率は会社の「安全性」を図る指標**としてもよく使われています。

03 運転資金の余裕度は「売掛金＋在庫－買掛金」で確認

銀行は会社から融資を申し込まれたとき、次の3点に注目します。

・月商がいくらか
・取引先との回収・支払サイトはどうなっているか
・在庫は適正か

これは、その会社の運転資金を見ているのです。

運転資金は基本的に借入金で対応する

たとえば、次のような会社の運転資金はいくら必要でしょうか。

・平均月商：１０００万円

・平均回収サイト：3カ月（手形はなし）
・仕入原価：売上1000万円に対して500万円
・平均支払サイト：2カ月

まず、1カ月の平均的な売上は1000万円です。この売上を回収するために、平均3カ月かかります。

次に、売上1000万円に対して、500万円の仕入原価がかかります。売上の回収に平均3カ月かかるということは、常に3カ月分の在庫を用意しておかなければ、ビジネスが途切れてしまいます。この仕入金の支払いは2カ月後です。

運転資金は「**売掛金＋在庫－買掛金**」で確認します。より正確には、「(売掛金＋受取手形＋在庫)－(買掛金＋支払手形)」で計算します。このお金は基本的に借入金で対応します。

実際に売上を上げても、3カ月後でなければお金が入ってきません。その間もビジネスを続けますから、在庫は3カ月持っておかなければいけません。仕入代金の支払日は、売上が回収されるよりも1カ月早く到来します。つまり支払日に資金が不足します。

そのため、155ページ図表15に示すように運転資金3500万円を銀行から借入れておく必要があるのです。

資金繰りがよくなると、運転資金が減る!?

先ほどの例は、売上金の回収よりも先に仕入代金の支払日が到来していました。銀行からの借入れによって会社の資金は回っていますが、資金繰りがよいとは言えません。

では、資金繰りをよくするには、どうしたらよいのでしょうか。売上金の回収よりも仕入代金の支払いが先行していることに問題があるのですから「回収サイトを早くする」または「支払サイトを遅くする」ことで解決します。

たとえば回収を2カ月後にして、支払いを3カ月後にすると、売上金が入ってから支払いができるので、図表16のように銀行からの借入れをしなくても事業を回せるようになります。

結果、この会社では資金繰りが好転したことで、事業を回すために必要なお金が大きく減りました。運転資金が減っても、売上が減るわけではありません。より少ないお金で事業を回せるということは、外部調達つまり借金をする金額が少なくてすむということであり、リスクも低くなるのです。

図表15｜ 運転資金をいくら借入れればよいか

売掛金	1,000 万円×3カ月＝3,000 万円
在　庫	500 万円×3カ月＝1,500 万円
買掛金	500 万円×2カ月＝1,000 万円

売掛金 3,000万円＋在庫 1,500万円－買掛金 1,000万円
＝ **運転資金 3,500万円**
↑
借入金

図表16｜ 資金繰りがよくなると、運転資金の借入れが少なくてすむ

売掛金	1,000 万円×2カ月＝2,000 万円
在　庫	500 万円×2カ月＝1,000 万円
買掛金	500 万円×3カ月＝1,500 万円

売掛金 2,000万円＋在庫 1,000万円－買掛金 1,500万円
＝ **運転資金 1,500万円**
↑
借入金

04 銀行はB／Sをどうチェックしているのか

銀行に融資を申し込んだ場合、決算書の数字がそのまま審査・信用格付けの計算に使われるわけではありません。前述したように、銀行は取引の実態を調べて、含み損などがあればどんどん数字を差し引きます。

そこで、銀行側がどのように調べているのか、融資を申し込む側はどのような対策をとればいいのか、B／Sの項目ごとに見ていきましょう。

【売掛金・受取手形（流動資産）】銀行は販売先の経営実態を見る

銀行員は帝国データバンクをはじめとする信用情報機関や自行の他支店に聞いたりして（取引先が他の支店で取引がある場合）、売掛明細にある販売先の会社を1社ずつ確認します。経営状態はどうか、回収条件がどのようになっているか、不良債権になっていないかをチェックするのです。

基本的に3期以上にわたって同じ会社が同じ売掛金の額で入っていれば、不良債権とみなし、その分の金額を差し引きます。

そのため、融資を申請する会社では、日頃から平均回収サイトと平均月商を把握し、手形で回収している販売先については経営状態に目を光らせておく必要があります。

また、信頼できる販売先には回収サイトの見直しを交渉して、自社の平均月商の改善を図ることが欠かせません。

【在庫（流動資産）】業界の平均値と比べてどうかを判断する

ほとんどの銀行員は、業界の事情に詳しくありません。そのため、**その会社の適正在庫がどれくらいかは「月商の何カ月分か」「同じ業種の平均値と比較してどうか」で判断します。**

「この業種の平均在庫は1カ月分なのに、この会社は3カ月分も在庫がある。2カ月分は死に筋だろうから、差し引いておこう」などと平均値で判断されることが多いのです。ところが本来、「会社の適正在庫」はさまざまです。業種ごとの平均と照らし合わせ、それよりも多くの在庫が必要な理由がある場合は、融資を申し込む会社側がしっかりと理由の説明をしなければいけません。

自社側の対応としては棚卸をなるべくこまめに行い、新鮮な在庫と死に筋の在庫を区分して、換金化を進めます。たとえば昨年は1000円で仕入れて1500円で売っていた商品が、いまでは700円まで価格を下げなければ売れなくなったとします。700円で売ると損が出るので、倉庫に残したままにしている会社もありますが、信用格付けの作業のときに差し引かれるので、倉庫に残しておいてもメリットはありません。それよりも700円でも現金に換えたほうが、事業を回す力にもなります。

必要以上の在庫を持たないようにする。これが最も大事なことなのです。

【買掛金（流動負債）】銀行は取引関係の立場も判断する

売掛サイトより支払サイトが短いと、資金が回らなくなるおそれがあります。明らかに無理な支払条件を受け入れている場合、その会社は仕入先よりも立場が弱いと見なされ、改善が困難であると考えられてしまいます。

また、平均仕入高や支払いの状況などから、不要な仕入れをしていないか、支払いが遅れていないかなどもチェックされます。

融資を申し込む会社としては、**売掛金と買掛金、および平均仕入高と支払い実績がアンバランスになっていないかを常に確認し、問題があればすぐに改善に取り組みましょう。**

一例を示すと、銀行側は次のような対応が想定できます。


事例　A社は昨年、運転資金として3500万円を借入れた。ところが半年後、この会社の売掛金1000万円が焦げ付いていることがわかった。

焦げ付いた額の借入れは、運転資金ではなく赤字補塡になる。つまりA社の正常な運転資金は2500万円である。そのため、3500万円の返済が終わり、再びA社が運転資金の借入れを申し込んだとしても、借りられる金額は2500万円まで。つまりA社は、差額の1000万円を別の方法で調達しなければいけない。

「前回3500万円を借りていたから、今回も当然、同じ額を借りられると思っていたのに、急に減額されたら困る」と抗議しても、銀行の融資額はカードローンのように一定の限度額内で貸しているのではなく、会社の実態に応じて決まるため、銀行が「A社の運転資金は2500万円である」と判断すれば、それ以上の金額を運転資金として貸し付けることはない。

銀行には、同一の会社に再び同様の運転資金の融資を行う「折り返し」という言葉がありますが、銀行の考える折り返し融資はその会社の資金繰りで経常収支がプラスである「正常な運転資金」の金額にもとづく「折り返し」なのです。

銀行から、いくらまで借りられるか。それを決めているのは銀行ではなく、あなたの会社自身であることを理解しておくべきです。

05 借入れ前に押さえておきたい試算表の3つの項目

試算表とは、期末の決算書が出るまでの間、貸借対照表や損益計算書の各項目の数字がどうなっているのかを月単位で試算した表です。粗利率の変化や経費の増減などがわかるため、作成時点における会社の財政状態や経営成績の観察、問題点の発見などに役立ちます。

試算表は銀行にとって会社の決算後の財務状況がどのように変化しているのかを知るために、最も頼りにしている書類です。銀行に提出を求められることが多いので、各項目の意味についてしっかりと把握しておく必要があります。

現金、投資、長期・短期借入金に関する質問が多い

試算表では、特に次の3項目について銀行の担当者から確認や質問を受けることが多いの

で押さえておきましょう。

❶必要以上の現金を持っていないか

現金は他の会計項目と異なり、帳簿上の数字と実際の資産価値が異なるということもありません。そのため、普通はほとんど気をつける必要はありません。

平均的な数字よりも多い「現金」勘定があると、粉飾決算を疑われてしまいます。

なぜなら、**中小企業の手元資金は多くても月商1～2カ月分（新型コロナ禍のような厳しい経済情勢では、月商の3カ月～半年分は持っておくべきです）**。預金は「残高証明書」で確認ができますが、現金は会社の金庫を開いてみなければわからないものです。書類で確認できないため、必要以上に多い現金は何らかの裏づけが必要になります。

あまりにも現金が多いと、銀行の担当者は、「なぜ銀行に預けないのか」と不信感を抱きます。小売業であれば、レジに釣銭等の現金を保管しておく必要がありますが、それ以外の業種では多額の現金は不要なはず。手元資金は多く確保しておくべきですが、なるべく銀行に預けて「預金」にしておきましょう。どうしても現金として手元に残しておく理由があれば、その事情をしっかりと説明しておくべきです。

実際に、過去に使った会社のお金のうち使途不明な額を会計事務所が「現金」に振り替えているケースをよく見かけます。本来は、使途不明金として「仮払金」や「貸付金」として処理するべきですが、銀行の担当者は現金に振り替える処理をごまかしだと思うのです。

❷本業に関係のない投資はないか

株などの有価証券は、その銘柄が本業に関係のないものであった場合、銀行はその会社は投資が好きなのだろうと判断します。取引先との関係から株を保有する必要がある場合は理由がしっかりしているので大丈夫ですが、決算時点での市場価格が帳簿価格より低い場合は減算されます。投資した会社が債務超過に陥っていると、資産価値なしと判断されて全額が差し引かれます。

株を持ってはいけないわけではありませんが、**事業に関係がない株式は、会社ではなく個人で持つようにしましょう**。利益が出ていたとしても、銀行側は「財テクに熱中している」と考えるため、印象が悪くなります。

また、関係会社への出資金があれば、その関係会社の決算書の開示を求められます。生命保険も節税・退職金対策として保険料が高額な契約を結んでいるケースが多く、保険金の支払いのために本業が赤字になっていないかチェックします。

❸長期・短期借入金の資金使途は？

中小企業は景気変動の影響を受けやすく、一時的な収益悪化から赤字に転落したとき、黒字に回復するまで時間がかかります。そのため売上債権焦げ付き補填資金や赤字補填資金など、運転資金以上の金額を借入れるケースが多く、実質的な総資産における借入れの依存度や、長期・短期借入金の残高の動きがどうなっているかを確認されます。

しかし、中小企業の経営者は「○○銀行から○○万円借りていて、残高は○○万円」という数字は覚えていても、内訳までは把握していません。その際、たとえば、次のようなケースが発生しかねません。

事例　銀行から1億円を借りて工場を建設し、償却期間が10年の設備を入れた。これは運転資金ではないので、利益から返していかなければいけない。新しい設備で利益を上げて返済していく計画を立てたとすると、1億円を10年で返すので、年間の返済額は1０００万円。減価償却も同様である。

ところがその計画がうまくいかなくなり、売上が当初の見込みの半分の500万円しか上がらなかった。このままでは1億円を返すまで20年かかる。

しかし減価償却の年数は変えることができない。そうなると、当初計画よりキャッシュフローに500万円の不足が生じてしまう。この足りない500万円は借入金で埋めるしかない。

銀行側がこの500万円に対して融資を行うときは「設備返済見合い」という名目でお金を出す。設備資金を返済するために追い貸しをするのである。当然、追加の担保を求められたり、金利が上がったりする。また、設備資金見合いは「うしろ向き」な貸付けなので、半年や1年という短期での返済を要求する。返済額がどんどん増えてしまい、事業で利益が出たとしても、資金繰りは苦しくなる一方になってしまう。

何度も追加の借入れをして資金繰りが苦しくなったときは、一度、借入金の種類をすべて再確認しましょう。借入金は、すべて資金使途と返済原資が決まっています。大きく分けると次ページ図表17に挙げた7種類になります。

図表17｜資金使途と返済原資から見る借入金の種類

❶	**【経常運転資金】** 返済原資：売掛金	一般的な運転資金。事業運営において、売上と回収のギャップを埋める資金
❷	**【増加運転資金】** 返済原資：売掛金	売上増加に伴う仕入・人員・在庫などの増加に対応するための資金
❸	**【季節資金】** 返済原資：営業収益	売上が季節によって大きく変動する場合、規制津生のギャップを埋めるための資金
❹	**【賞与資金】** 返済原資：営業収益	夏・冬に賞与を出すための資金
❺	**【納税資金】** 返済原資：営業収益	法人税や事業税、中間納税に対応するための資金
❻	**【赤字補填資金】** 返済原資：営業収益	本業が赤字になったとき、赤字を埋めるための資金
❼	**【売掛債権焦げ付き補填資金】** 返済原資：営業収益	売掛金回収先が倒産した場合、資金繰りの穴埋めを行うための資金

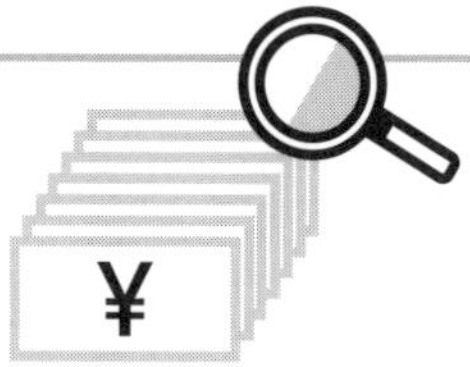

毎月返済している返済額をつぶさにチェックすると借入れの目的が明らかになり、短期から長期に変更できるものはないか、そのためにはどうしたらよいかなど、対策の道筋が見えてくるはずです。また、返済原資を見るとわかると思いますが、「経常運転資金」と「増加運転資金」以外の返済原資は営業収益、すなわち利益からの返済です。逆に捉えれば、銀行側から見れば運転資金以外の借入れはむずかしいという結論になるのです。

銀行担当者がチェックするその他の項目

試算表のなかで銀行の担当者がチェックする他の項目についても、簡単に触れておきましょう。

❶仮払金・立替金・貸付金は不良資産の宝庫!?

銀行の担当者は仮払金・立替金・貸付金の3項目は「原則として資産価値なし」と考えます。この3項目は利益を生まずに社外に出て行くお金であり、何よりも不良資産の宝庫だと思われているからです。

仮払金や立替金は、社長や役員の飲食費等で使用し、本来は交際費として経理処理するはずが、領収書を紛失したことにより「使途不明金」として処理するケースがしばしばあります。これは戻ってくることがないため、含み損失として全額を資産から減算します。

❷建物は正しく減価償却が行われているかをチェック

建物や建物に付属する設備などは、正しく減価償却が行われていなければいけません。償却不足分がある場合、銀行はそれを差し引いて考えます。

❸土地は投機対象資産として「含み損」に!

本業に使用していない不動産(たとえば保養所や投資マンションなど)は、「不稼働物件」とみなされます。帳簿価格よりも時価が低ければ「含み損」として差し引きます。

本業で使用している土地はいったん時価で評価されますが、本社や工場であれば「稼働物件」であり、すぐに売却することがないため、そこに含み損があっても考慮されません。これは「企業継続ベース評価」(ゴーイングコンサーンベースとも言います)と呼び、本業のための資産については、「含み損」を信用格付け上は考慮しないルールがあるのです。

06 会社の真の姿を捉えるには4期分のB/Sの推移を確認

B/Sを読み解く際には1期分を見ていたのでは、会社の本当の資金の推移は見えてきません。そこで、少なくとも直近から4期分はさかのぼって推移を見ておきたいものです（次ページ図表18参照）。

特に注視したい推移については次の5つの項目があります。

B/Sで推移を注視すべき5つの項目

❶純資産の推移

純資産は返済の必要がない資金です。中小企業における純資産の増加は、主に「前期の利

図表18｜ 4期分のB／Sで見るべきポイント

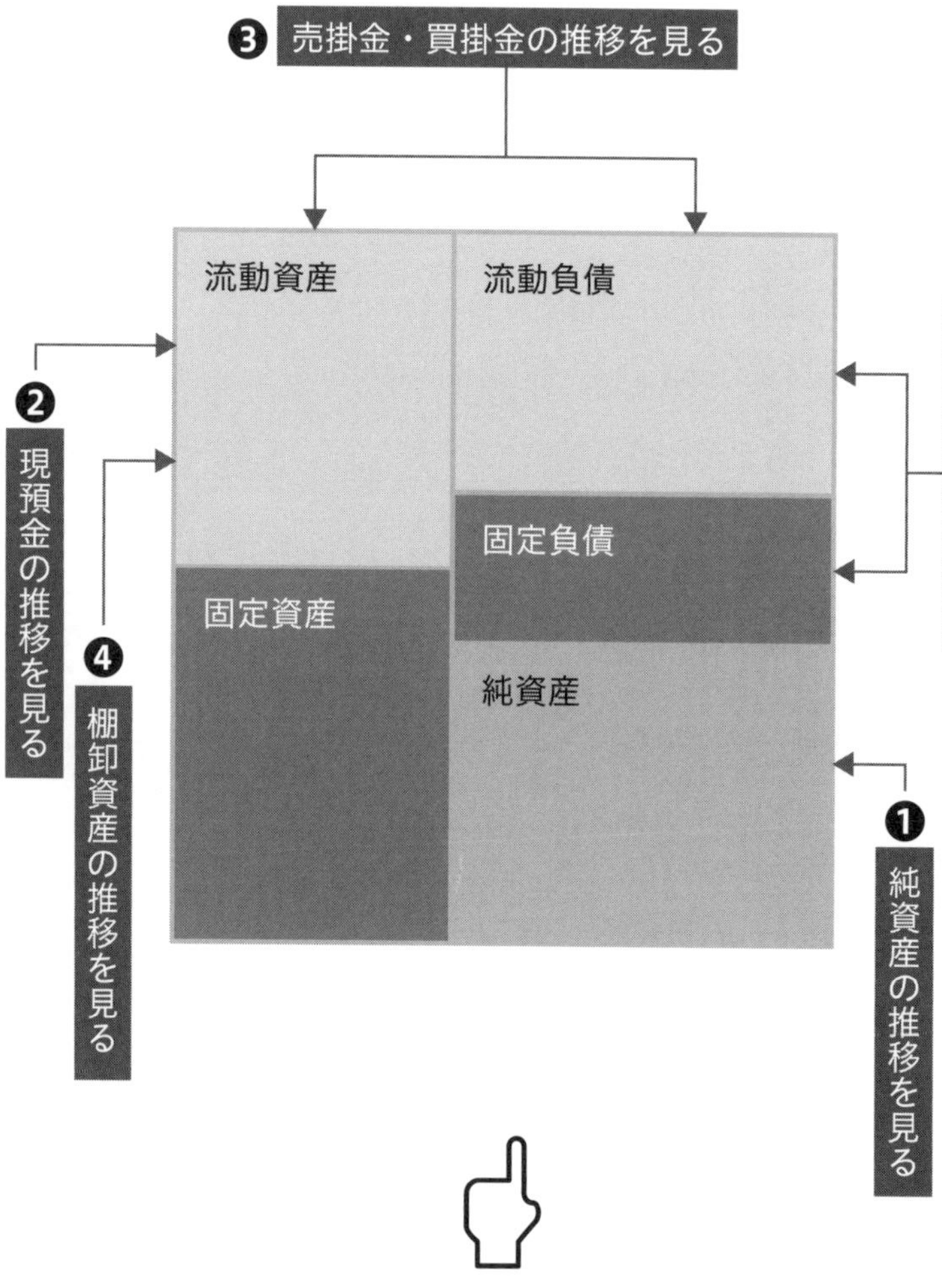
❺ 借入金の推移を見る

どういう傾向にあるのか確認しよう

益が増えた」ときに起こります。純資産が増え続けていれば、継続的に利益を出しているということになります。

一方、純資産が減少し続けている場合、すぐに原因を調べて対策を講じなければいけません。何らかの損失が生じ、利益や資本金を取り崩して穴埋めをしていることも考えられます。**そのまま自己資本が減り続けてゼロになれば、会社は破産してしまいます。**決して見逃さないようにしましょう。

❷現預金の推移

現預金は、中小企業では事業の運転資金です。減少している場合は、次ページ図表19のようにさまざまな理由が考えられます。逆に利益が出ていれば、現預金は増加します。

現預金がゼロになれば経営（経済）活動ができなくなってしまいます。コストカットやサイトの見直し、銀行へのリスケジュールの申請など、できる限りの手を打っていきましょう。

❸売掛金・買掛金の推移

売掛金の増減は損益計算書の「売上高」と、買掛金の増減は「仕入れ」と、それぞれ合わ

図表19｜ 現預金が減る理由

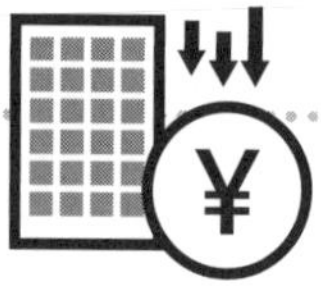

売上が落ち込んでいる

変動費や固定費が著しく増加している

回収サイトが長く、売掛金が回収できていない

支払サイトが短く、買掛金の支払いに追われている

借入金が多額で「毎月の元金返済」や「利息負担」が
大きい、など

せて確認しましょう。

売掛金が増えたときは、売上が伸びたか回収が遅れているかのどちらかです。回収が遅れると資金繰りがショートしてしまいます。

買掛金が増えたときは、仕入れの増加か支払いが滞っているかのどちらかです。支払いの遅延は取引先からの信頼に悪影響を与え、最悪、契約を破棄されることもあるので必ず確認しましょう。

❹棚卸資産の推移

売上や利益に変化がないにもかかわらず棚卸資産が増えているときは、倉庫の在庫状況を確認しましょう。おそらく不良在庫が残っているので、早期に現金化しておくことをお勧めします。

また、期末にはきちんと棚卸を実施し、正確な在庫把握を行います。**帳簿価格と実際の棚卸額との差を認識しておきましょう。**

❺借入金の推移

順調に返済ができていれば、借入金は徐々に減っていきます。逆に増えている場合、新しい借入れをしたということであり、その分、返済額と利息が増えます。現金預金の減少につながるため、借入れの理由と内容を把握し、**自助努力で減らせる部分はないか、さまざまな方向から検討しましょう。**

Column 4

建設・工事業の資金繰りポイント

❶案件ごとの採算管理を徹底する

建設・工事業の生命線は、案件ごとの工事採算管理である。工事採算の管理には「工事案件ごとの見積り」と「工期進行後の見積り」を比較・検証すること、資金繰り表の原価項目に「材料仕入」「労務費」「運賃」「外注費」の区分を入れて工事単価を出すことが不可欠だ。

しかし、ほとんどの会社が1件でも多くの案件を受注して売上を上げようとする。そうしなければ、資金繰りが行き詰まるからだ。

資金繰りを埋めるために無理に安価な案件を受注する、のちに赤字部分は資金繰りにダメージを与え、それを埋めるためにさらに安価な案件を受注する、資金繰りのダメージはさらに大きくなる……この「負のスパイラル」に陥る会社が特に多い業種である。

このような状態に陥らないようにするためには、工事案件ごとの採算管理を徹底することである。

❷回収は「進捗基準」で交渉する

建設・工事業は、工事受注時に仕入れや外注費を支払い、数週間～数カ月後に工事費が入金される。

近年は、工事の進捗に応じて1カ月ごとに入金される「進捗基準」が増えたが、公共事業ではいまだに「完成基準」を採用しており、数カ月もの間、入金ゼロで働き続けなければいけない。

また、支払サイトと回収サイトのズレ幅が広く、金額も大きいため、最も資金繰りが重要な業種かもしれない。

❸長期借入れは基本的にむずかしい業種

資金繰りが悪化する原因は、サイトのズレに加えて、予定していた売上金や売上原価が大きく変動するためだ。

特に工期が3カ月～半年という長期工事の場合は、作業日数の増加、材料の不足や追加の注文など、予定になかったことが次々に起こる。

追加で発生したコストは元請に請求すべきだが、すべて自社から出しているため赤字になり、採算が悪化する傾向にある。

そのため、銀行は建設・工事業への融資はあまり積極的ではない。

人件費や材料代が必ず先払いになるので、工事代金回収と同時に返済を行う「紐付き融資」が一般的である。

かつ「紐付き融資」は短期融資で行うため、長期の融資に対してはネガティブに捉えている。

❺「負のスパイラル」を避ける資金繰り対策

その他、資金繰りの悪化を防ぐポイントは次の5点である。

- 自社の管理能力以上の案件をとらない
- 工期が長い案件をとらない
- 外注頼みの案件は極力避ける
- 倒産防止共済に加入する
- 与信管理を行う（特に中小企業からの発注で3次下請けになるケースなど）

次のような例がある。

ある建設会社には毎月2億円の売上があったが、同時に3000万円の赤字を出していた。会社の規模から1日3現場が限界であるのに、多くの外注先に依頼して、常に5現場以上の案件を確保していた。だが、案件ごとに見積りはとっていたものの、忙しすぎて工事採算は確認していなかった。

しかも、売上ばかりを追うことで、受注先の数も多く、与信管理に時間も割けず、売上債権の事故（焦げ付き）も多発する事態に陥っていた。

どんなに働いても赤字がなくならない。ある日、事業再生コンサルタントに相談した。事業再生コンサルタントの指導のもと経営改革に取り組み、2年後、赤字が解消して黒字体質の会社になった。

役員報酬も10倍以上に増え、3年後には債務超過も脱したのである。

この会社がどんな対策をとったのか？　売上を半分に落としたのだ。月の売上を1億円に落とし、仕事を目が届く範囲内でのみ行うようにした。その結果、ミスやトラブルが減り、採算管理ができるようになり、利益が出るようになった。

また、資金繰りが安定したために社会保険に加入したところ、人件費が2割ほど増えたが、大手ゼネコンから仕事が入るようになった。受注先の焦げ付きも発生していない。

会社の規模や職人の数に見合わない限界以上の案件をとろうとすると、外注が増える。現場の数が増えて人員も増えると、管理の目が届かなくなり、トラブルが発生するリスクが高まる。

トラブルが発生すると新たなコストがかかり、赤字が増える。赤字が増えればそれを埋めるための借金が増え、外注先への未払金が増加してしまう。赤字を埋めるために獲得した案件で、赤字を増やしてしまう。

そのような負のスパイラルに陥る前に、腰を据えて資金繰りを見直すことが大切だ。

第5章

資金繰り表を活用した対銀行交渉のポイント

銀行は「どこも同じ」ではありません。それだけに、どう融資交渉を行うか、社長・経理責任者の腕の見せどころです。新規の融資をすべて断られ、企業努力だけではどうにもならない状況になれば、借入れをしている銀行にリスケジュール（以下リスケ）を申し込むしかありません。

リスケとは企業が経営再建するために、一定期間、月々の返済額を減額またはゼロにしてもらうための制度。特に銀行との交渉では、完璧な「資料」と「口頭の説明」が求められます。

01

融資交渉は「書類」が9割！的を射た書類の作成法

銀行に融資を申し込むと、融資の担当者からさまざまな質問を受けます。

「売上が低迷した理由は？　なぜ融資が必要なのか？　返済原資は？」

「事業計画書の計画値の根拠は？　今後どのように利益を維持していくのか？」

質問に対して、曖昧な回答や資料と一致しない答えを返してしまうと、「この社長は信頼できない」と悪い印象を与えてしまいます。また、うまく受け答えできたとしても、口頭の説明だけでは、担当者の頭にほとんど残りません。

経営者が熱弁をふるっても、書類がないと意味がない

銀行の担当者は毎日忙しく、1つの会社の面談にかけられる時間は30分程度、多くても1

時間が限界です。融資が必要である理由や今後の事業展開について社長がどれほど熱く語っても、担当者が支店長に報告する際には、

・○○社から5000万円の融資の申込みあり
・来月末に運転資金が不足、新規事業で利益を確保する予定とのこと
・事業計画書、試算表、資金繰り表などの提出を依頼

このように3行程度で端的にまとめられてしまいます。どれほど担当者にうまく説明できても、そこから先に伝わらなければ意味がありません。そこで必要になるのが書類です。

通常、銀行は会社から受け取った書類はすべて、営業担当者→営業上席→融資課長→副支店長→支店長または本部まで回覧します。

決算書や試算表などはもちろん、面談前に「設備資金融資のご相談について」という相談内容を記した手紙を1枚渡しておけば、それも必ず支店長の目に触れます。そのうえで面談時に資金繰り表を持参し、その数値をもとに説明を行えば、説得力が増して担当者に好印象を与えることができます。まさに、**融資の交渉は書類が9割。的確な書類があってこそ、経営者の熱弁が生きてくるのです。**

口頭で説明し、書類で記録を残す。これがポイントです。

02 資金繰り表は融資審査にどう生かされる？

銀行担当者との交渉がうまくいっても、それだけでは融資は決まりません。銀行の融資審査は、主に次の2つの決裁方法があります。

❶支店長決裁

支店内で協議を行い、支店長が決裁すれば融資が実行されます。担当者と良好な関係を築いていれば、交渉の際に支店長の同席をお願いできるでしょう。

審査は書類をベースに進みますが、決裁者に自社の状況を直接伝えることができる分、融資を受けられる可能性が高くなります。

❷本部決裁

支店長の決裁に加えて、本部の決裁が必要になります。決裁者が本部の場合は、社長が直接アピールをすることは不可能です。稟議書をはじめとする書類のみで判断されるため、審査は厳しいものになります。

支店長決裁と本部決裁のどちらになるのかは、各銀行内にルールが存在します。ただし、どちらにしても審査の中心になるのは稟議書です。

稟議書は営業担当者が上司の決裁を受けるために作成する書類です。資金使途、金利、融資シェア、総与信・担保、取引振り（融資以外の取引）、他行取引など、審査に必要な情報のほとんどが記載されています。

資金繰り表を見ただけで、資金使途と融資シェアがわかる

稟議書のなかでも重視される項目が、資金使途と融資シェアです。

資金使途は「なぜ融資が必要なのか」「どのように資金を使うのか」、融資シェアとは「その会社の取引銀行のうち、自行の取引順位が何位でシェアはどれくらいか」ということです。

実は自社で作成する資金繰り表にも、この2つの内容がしっかりと書かれています。

具体的に言うと、

- 借入金をどのように使うのか
- 借入返済はどのように行うのか
- 今期の業績着地はどうなるのか
- 他行の支援はどうなっているか

が、わかるのです。このため資金繰り表を作成しておくと、融資を申し込む際に、次の2つの大きなメリットを担当者と共有することができます。

❶担当者の印象がよくなる

資金繰り表を作成していると、会社のお金がどのように動いているのかを分析し、これからどのように動かしていくのか綿密な計画を立てていることが証明されます。さらに、社長が口頭で詳しく説明することにより、数字の信憑性が増します。

❷担当者の手間が省ける

資金繰り表には稟議書を作成するうえで必要な情報がすべて書かれています。そのため、担当者は簡単な質問をして確認するだけで面談を終わらせることができます。要点がまとまらない話をえんえんと1時間近く続ける経営者もいるため、資金繰り表を用意する会社は、担当者にとって非常に「ありがたい案件」なのです。さらに、その説明が担当者だけではなく、支店長や本部まで100％届きます。

経営者が話した内容は、担当者の頭にほとんど残らず、支店長や本部には1割も伝わりません。しかし、**提出した書類は必ず添付されるため、一言一句もれることなく決裁者に届きます**。

特に「融資したお金が何に使われ、いつ、どれくらい返済されるのか」「過去の営業実績、現在の状態、将来はどうなるか」という、融資の可否に最も重要な内容が具体的な数字として書かれているため、審査において判断がしやすくなります。

中小企業への融資審査では「情報不足でいまいち判断できない」と追加の書類を求めたりして審査に時間がかかるケースが多いもの。それだけに、短時間で判断できる案件は審査する人に大きなプラスイメージを与えることができるでしょう。

資金繰り表を提出して目立とう！

中小企業で資金繰り表を作成して活用している会社はほとんどありません。多くの会社は銀行から提出するように言われて初めて作成しますが、時間と手間がかかるため、提出までに間が空いてしまいます。また、一度作成したことで満足してしまい、その後の更新をせずに放置しているケースもたくさんあります。

そのため**最初から資金繰り表を持参し、資金繰り表の数字を踏まえて交渉を行うと、他の会社より注目されます**。

担当者はいくつもの案件を抱え、毎日多くの会社と面談しています。他の会社と似たようなことしかできなければ「その他大勢」になりますが、担当者に評価されれば支店長の同席をお願いするなど、その後の交渉も有利に運ぶことができます。

03

融資されるかどうかは額ではなく、資金使途で決まる

通常、銀行から融資を受けるために必要な書類は、次ページ図表20に挙げた5つです。決算書は年に1回の会社の成績表のようなもの。試算表は、前回の決算書提出後から現在までの業務内容を示した表であり、期中の資金調達時には必須になる書類です。

融資の審査では、決算書と試算表が特に重視されます。しかし決算書や試算表が黒字であっても、実際のお金の動きがそのとおりでないことを銀行の担当者はよく知っています。そのため、会社の資金繰り実績と予測が見える資金繰り表の提出を求められるケースが増えているのです。

図表20｜銀行融資に必要な5つの書類

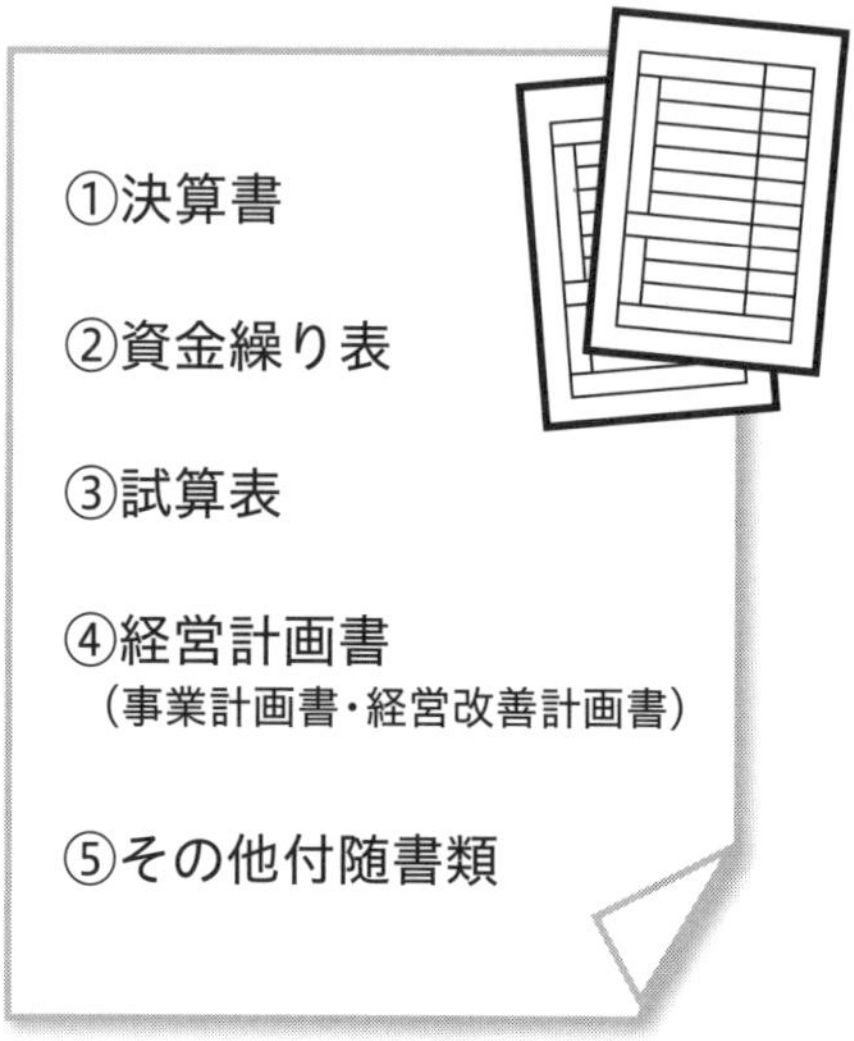

融資審査の8割は「資金使途」で決まる！

借りたお金を何に使うのか。それが融資審査でいちばん重視されます。資金繰り表を提出することは重要ですが、そのうえで**「どんなことに使うのか」**を示し、説明することが求められます。

たとえば運転資金として申請したとしても、実際はそれが何の資金になるのか、どのように返済するのか、銀行側はしっかり見ています。

運転資金にも、その使途からみて図表21のようにいくつかの種類があり、それぞれ返済のしかたが変わります。

図表21｜使途から見た運転資金

増加運転資金	売上増加に伴う仕入れ等 原則短期　売掛金で返済
季節資金	季節による売上変化に対応 原則短期　売掛金で返済
決算資金、賞与資金	賞与の支払いに対応 ６カ月～１年　営業収益で返済
納税資金	納税に対応 ６カ月　営業収益で返済
赤字補塡資金	赤字分の埋め合わせ 短期または長期　営業収益で返済
売掛債権焦げ付き補塡資金	売掛先の倒産 原則長期　営業収益で返済

一般的な運転資金の返済には、売上金を回収したときの売掛金を使います。事業活動において回収サイトが長く支払サイトが短いときに支払日に資金が不足しますが、それを補うことが主な目的だからです。

継続的に商品や部品を仕入れ、社員への給与を支払い、事業を安定化させるために使われるのです。

ただし決算資金、賞与資金、納税資金は、営業収益から返済します。

これらはいずれも利益が出たときに、社員に支払ったり国に納付したりするものだからです。

審査の厳しい赤字・焦げ付き補填融資でも突破できる

銀行の担当者が特に注視するのが、「通常の運転資金ではなく、赤字の補填や売掛金の焦げ付きを埋めるための資金ではないか」です。本業が赤字になっていれば、当然、資金繰りが苦しくなっているため、銀行は融資に消極的になります。返済原資をどうやって確保するか、毎月の返済を継続できるのか細かく質問されます。保証協会の保証がつかない、十分な担保がない場合は、審査はさらに厳しくなるでしょう。

売掛金が焦げ付いていることがわかった場合、売掛債権焦げ付き補填資金とみなされ、赤字補填と同様に審査は厳しくなります。確認されるのは、売掛先の倒産によって今後の資金繰りや売上計画にどのような影響が出るのか、事業計画はどうなっているのかです。そうした質問に対して説得力のある説明ができなければ、融資の決定は遠ざかってしまいます。

逆に言えば、きちんと説明ができれば、銀行にとってその赤字は「一過性」であり、今後の業績回復は可能であるとの判断ができるようになるのです。このときも、資金繰り表が大いに役立ちます。

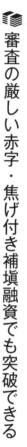

図表22｜融資を受ける際の資金繰り予測値はここをチェック

- ☐ 売上高が過去の実績から見て大きすぎないか
- ☐ 売上の回収が現在よりも早くなりすぎていないか
- ☐ 原価は適切か、仕入れが過少になっていないか
- ☐ 原価支払いが現在よりも遅くなりすぎていないか
- ☐ 固定費が減りすぎていないか

資金繰り表には、これまでの実績、現在の状況、今後の資金繰り予測、他行からの借入れ状況と返済状況など、担当者が質問したい内容がすべて含まれています。数字の根拠もすべて説明できれば、反論する隙がなくなります。

ただし、将来の予測値が「希望的観測」になっていては、説得力が弱くなってしまいます。図表22の観点に注意して、なるべくシビアに実現可能な範囲になっているかどうか、事前にしっかりと検討しましょう。**資金使途と返済原資。この2つについて、確かな根拠をもとに説明できるよう準備をしておくことが肝要です。**

04 融資を申し込む前に支出を整理し“身ぎれい”な会社にしておく

身の丈に合わない支出とは、多額の役員保険、多大な交際費、使途不明な仮払い、経常収支と不釣り合いな高級車の所有、本業と関係のない有価証券・不動産の保有や投資などです。それは、信用格付けにマイナスの影響を与えます。

これらが資金繰り悪化の原因の1つになっている場合は、不動産や株の売却、保険の解約などが融資の条件になることもあります。指摘されて信用を下げる前に、実行しておくことをお勧めします。

仮払金、貸付金、交際費などに注意

特に条件面で「この項目を改善してもらわないと融資はできません」と言われるのは、仮払金、貸付金、交際費などの社外流出科目です。

交際費については現在、中小企業は年間800万円まで損金として認められます。しかし、どれほど大きな会社でも、中小企業で800万円をフルに使っている会社はあまり見かけません。たとえば月商が1000万円や2000万円の会社が交際費に月100万円を使うのは、明らかに身の丈に合っていません。家族旅行や事業とは無関係な飲み代など、交際費には私的な支出が含まれているケースも多く、銀行は疑いの目を向けます。

「では、具体的にいくらまでならよいのか」とよく聞かれますが、いくらまでならよいという絶対値はありません。**ポイントは、経常収支の規模に見合っているかどうか、そして資金繰りを邪魔していないかどうかです。** 逆に言えば、交際費や保険料が高くても、それが資金繰りを悪化させる要因になっていなければ、銀行側は問題視しません。

いずれにせよ、銀行に融資を申し込む前にできる限り支出を見直すなどの企業努力をしておきましょう。「ここまでやりましたが、まだ、これだけ不足しているので……」という説明を添えたほうが、何も努力をしていない会社より好印象になることは間違いありません。

05 複数の借入れ実績を〝つくる＆増やす〟ことが大切

銀行は「自行以外の取引銀行の動き」を気にします。たとえば、経常収支が1000万円で借入金返済額が3000万円の会社の社長から「2000万円を貸してください」と言われると、銀行は「自行だけがリスクを背負うことになる」と考え、審査において厳しく見られるケースもあります。しかし、「2000万円のうちB銀行から1000万円借入れるので、残りの1000万円を貸してください」と言われた場合は、「B銀行はこの会社を信用して1000万円の融資を決定した。それなら大丈夫だろう」と前向きになるのです。

他行が断った案件は、受けたがらない

会社は複数の銀行と取引をしているケースが多いため、「他の銀行が断った融資」はリス

クが高いと考え、自分の銀行でも引き受けたくはありません。たとえば、次のようなケースです。

事例 メインバンクのA銀行から運転資金を借入れており、その運転資金の年間返済額が2700万円、B銀行からも運転資金の借入れをしており、B銀行への運転資金の年間返済額が300万円、合計の運転資金年間返済額が3000万円の会社があった。ところが、この会社はB銀行に「3000万円貸してください」と申し込んだ。

B銀行 「御社のメインバンクはA銀行ですよね。A銀行には相談に行ったのですか?」

会社 「いいえ、まだ行っていません……」

このとき、B銀行は「A銀行から2700万円の融資を断られたのか?」との疑いを持つ。そのため「まずはA銀行に相談してください。お話はその後に聞きます」という対応になる。もちろん「A銀行に断られました」という場合、B銀行もうしろ向きにならざるを得ない。

資金繰り表で説明し、乗り越える

では、この事例の会社はどうすればいいのでしょうか？　中小企業でも規模が大きくなると、5行、10行の銀行から複数の借入れを行っているケースもあります。その場合、図表23のように融資の内容ごとに返済を見ていくことも大切です。

いつ、どれだけ足りなくなるのか。何月にどこの銀行から借りて、いつまでに返すのか。各取引銀行の残高シェアを考慮した借入れになっているか。資金繰り表をもとに、それらがきちんと説明できれば、融資を受けられる確率はぐんと高まります。口頭で伝えるだけでなく、資金繰り表を使って説明することが重要なのです。

メインバンクが資金繰りの状況に理解を示して融資に応じてくれれば、他のサブバンクも融資に応じやすくなるなど、常日頃から複数の銀行と取引し、支援してもらうメリットが実はここにあるのです。

図表23｜銀行融資案件ごとの返済に重点を置いた資金繰り表

（単位：千円）

		4月	5月
	A 銀行①	30	30
	A 銀行②	20	20
	A 銀行③	10	10
	A 銀行④	100	100
	A 銀行⑤	120	120
	A 銀行⑥	10	0
	A 銀行⑦	50	50
	B 信金①	10	10
	B 信金②	20	20
	B 信金③	40	0
	C 銀行①	20	20
	C 銀行②	20	20
資金繰り			
	銀行返済	450	400
	短期借入金調達		
	長期借入金調達		
	過不足金額		
	現金収入合計	14,218	13,923

銀行交渉では銀行ごとの返済額を見通すことが大切

06 リスケジュールを依頼し難局を乗り越える

新型コロナ禍により、業績がかなり厳しくなり、資金繰りが立ち行かなくなる会社が増えました。少しでも不安があれば、ここまで読み進めたことをもとに、資金繰り表を作成しましょう。そして、**1年のうちに資金繰りに窮するような状況に陥りそうだったら、早めに銀行にリスケジュールの相談に行くべき**です。

リスケジュール（リスケ）とは

通常、銀行から融資を受けるとき、毎月いくらずつ、何カ月または何年かけて返済するか、長期借入れの場合は金銭消費貸借契約証書にて契約を交わします。

しかし取引先の倒産、マーケットの縮小、競合店の出現、価格競争の激化、自然災害な

図表24｜リスケを利用して再生できる会社

その会社の技術やサービスなどに対する市場ニーズがあり、売上が今後も立つ可能性がある

可能な範囲すべてにメスを入れて内部改革を行う計画と覚悟があり、3年以内に営業利益が黒字回復できる可能性がある

新たな融資を受けられなくても、
自己資金で資金繰りのメドが立てられる

経営者の「再生」への強い覚悟と本気度が感じられる。
そして社内一丸となって再生する空気がある

赤字から黒字に転換させたあとの返済パターンについて、金融機関とコミュニケーションをとりながら考えられる環境にある

言葉だけでなく、「数字」と「実績」で示すことができると思える会社である

ど、何らかの要因で業績や資金繰りが悪化して当初の返済条件の履行が困難になった場合、借入れ先の銀行に返済条件の延期・変更を申し込むことができます。この返済条件の延期・変更を申し込むことがリスケジュール（リスケ）です。

リスケを利用して再生できる会社は、前ページ図表24のような特徴があります。

リスケの目的は単なる「延命」ではなく、会社の「再生」です。会社は銀行への返済を一定期間軽減してもらう代わりに、その期間内で経営再建を果たし、元の返済条件に戻さなければいけません。つまり、リスケは経営再建のための「時間」を銀行から与えてもらうことです。

一方の銀行は、会社の倒産による不良債権化を防ぎ、時間をかけて貸出先の再生と債権の回収を図ることが目的です。このため「資金が足りなくて返済できなくなったからリスケを申し込む」といった、いいかげんな気持ちでは審査に通りません。

資金をきちんと人件費に回せる会社は好感を持たれる

リスケを申し込む前に最大限の企業努力をしなければいけませんが、リストラは必要最小限にとどめておくべきです。事業継続および経営再建には優秀な人材が欠かせません。そのため、手元にある資金の使途で最も優先すべき項目は人件費。リスケジュールに際しても、資金をきちんと人件費に回せる会社は、好感を持たれます。

その人件費をはじめ、重視すべき優先順位に沿ってポイントを見ていきましょう。

❶人件費

経営者は「従業員たちは会社の状況をよくわかってくれている」と思い込み、「今月分の給料をもう少し待ってほしい」「給料を減額するが理解してほしい」などと、軽い気持ちで甘えてしまいがちです。

しかし給料は、従業員とその家族の生活の支えです。教育費や自宅のローンなどの支払い計画に狂いが生じると、転職を考えるのは当然のこと。優秀な人材を1人失うだけで、事業は大きなダメージを受けてしまいます。何があっても削らないくらいの覚悟が求められます。

❷仕入先への支払い

次に優先すべきは、仕入先への支払いです。状況によっては支払サイトの検討が必要になりますが、仕入先との契約は事業に欠かせません。全力で営業活動して受注を獲得しても、仕入れができなければ売上を上げられないからです。

❸租税公課

まずは人件費、次に仕入先。それから毎月の支払いが発生する社会保険料や所得税、住民税などの租税公課です。これらは支払いが遅れ、遅延額が多額になると、資産の差押えリスクがあることから、安易に延滞することは避けたほうがよいでしょう。なお、租税公課について、新型コロナ禍では「支払猶予措置」があります。

❹銀行への返済

最後に銀行への返済です。ただし、返済を軽視してよいということではありません。リスケの交渉をして合意を得ることができれば、優先順位を最後にできるということです。

❶→❹ではなく、❹→❶とまったく逆の考え方をしている経営者がたくさんいます。注意しておくべきことです。

07

リスケの申請手順と原則を押さえておこう

リスケはその申請を会社側が行い、銀行に審査をしてもらい、新しい契約を締結して、その条件のもとで返済していくものです。申請には経営改善計画書や試算表、資金繰り表、銀行借入明細などが必要になります。

通常の融資審査よりも時間がかかる

融資の場合と同様に、担当者が経営者による口頭の説明と書類を受け、銀行として審査します。通常、リスケの審査は融資審査よりも時間がかかります。銀行にとっては、返済が可能であると判断した会社が返済不能になったため、融資を決定した当初の判断から見直さなければいけないからです。

銀行は融資実行から現在までの間に何が変わったのか、現在の業績はどうか、今後の展開はどうなるか、他の取引銀行がリスケに応じているのかなど、慎重に調査・協議します。短くても1カ月、およそ3カ月スパンぐらいの時間を見ておいたほうがよいでしょう。

リスケ契約が締結されると一定期間、返済額が減額、もしくはゼロになります。それはあくまでも返済の先延ばしであって、借金が減るわけではありません。一般的に一定期間とは3カ月から1年間です。この間に企業努力を重ね、最終的に返済額を元に戻します。

定められた期間内に経営改善が達成できなかった場合は、もう一度リスケを申請し、返済額を見直します。リスケを繰り返すたびに、金利の引き上げや追加の担保を要求されるなど、条件が厳しくなるケースもあります。逆に業績改善の実績を重ねれば、お互いに信頼関係が再構築され、リスケの条件も厳しくなることなく、銀行が再生の支援側として心強い味方になってくれるでしょう。

申請は「全行平等の原則」に基づいて行う

複数の銀行に借入れを行っている場合は、原則としてすべての取引銀行に対して同時期にリスケを申請します。これを「**全行平等の原則＝プロラタの原則**」と呼んでいます。

事例　A銀行に5000万円、B銀行に3000万円、C銀行に2000万円の借入れがある。「B銀行とC銀行の返済はそのまま続けるが、A銀行にだけリスケをしたい」と言っても、A銀行は承諾しない。そこで、毎月返済できる金額を、残高のシェアで按分する。返済可能な金額が100万円の場合、各行の返済額は次のようになる。

A銀行5000万円（融資残高のシェア50％）→毎月50万円
B銀行3000万円（同30％）→毎月30万円
C銀行2000万円（同20％）→毎月20万円

これで取引銀行の間で平等が保たれる。

この原則を知らずに交渉を行うと、各銀行から不満の声が上がり、リスケの成立が遠ざかってしまいます。逆に、この「プロラタの原則（事例のケースは残高プロラタと言います）」に沿った金額按分を行えば、銀行に納得してもらうことができるのです。

08 リスケの交渉には資金繰り表が最適

リスケをするということは、会社が来月の返済すらできないほど資金繰りが行き詰まっているということです。これはお金を貸した銀行にとっても非常事態です。リスケの依頼がくると、銀行はまず「ただの延命にしかならないのではないか。遠からず、この会社はつぶれるのではないか」と不安になり、うしろ向きになります。

交渉は最初が肝心です。リスケによって自社が再生することを、まずは信じてもらわなければいけません。ここでも、資金繰り表が役に立ちます。

資金繰り表で伝える2つのポイント

リスケの交渉も、資金繰り表をもとに説明することが有効です。そして、そのポイントは

2つあります。

❶このままでは資金繰りがショートすることを伝える

まず「このままいくと、いつ資金がショートするのか」を資金繰り表で示します。口頭のみで伝えるよりも、現預金の数字が月を追うごとに減っていき数カ月後に現預金がマイナスになる様子を見せたほうが、危機感が生々しく伝わります。また、毎月の返済がどれだけ資金繰りを圧迫しているのかも目に見えて理解できます。

❷リスケが唯一の解決策であることを伝える

次に、リスケによって再生の道が生まれることを伝えます。

たとえば、「返済をゼロにしてもらえれば1年後には黒字化できるので、返済を再開できます」と口頭で言われてもピンときません。しかし「現在はこれだけの赤字になっていますが、返済を一時ゼロにしていただけたら、○○万円ずつ現預金のマイナスが減っていきます。8カ月後には黒字になり、累計経常収支が○○万円になるので、次年度から返済を開始できます」と、資金繰り表を見せながら説明をすれば、「これなら大丈夫だろう」と納得し

図表25｜リスケのための説明ポイント

なぜ資金繰りが困難になったのか
直近に提出された決算書からリスケ申請まで何があったのか
他の金融機関は協力をするのか
リストラや事業縮小などの企業努力はすべてやり尽くしているか
今後どのような事業改善が見込めるのか
リスケの結果、融資が返済される可能性はあるのか

てもらえます。

リスケの銀行内の稟議では「その会社が存続するための手段がリスケジュール以外に存在しないのかどうか」がポイントになります。つまり、図表25に示したような説明が求められ、すべてにおいて納得できる説明をしなければいけません。

試算表や改善計画書は補足

リスケの交渉では、前回決算時から現在までの状況を「試算表」で、今後の事業改善を**改善計画書**で説明するのが一般的です。改善計画書は年単位でつくります。しかし、「1年後にこうなります、2年後にはこうなります」と言われても、その1年の間に倒産しない保証はありません。そもそも資金繰りが危なくなっている会社に対して、年単位での成長など期待していません。

それよりも聞きたいのは、1カ月後、2カ月後に会社がつぶれてしまわないか、3カ月後まで生き残っているなら6カ月後はどうなっているのかという、もっと目先の未来です。それを具体的に説明できるのが、資金繰り表です。

前回の決算時から現在までの状況は、毎月の試算表でも確認できます。しかし異なる資料で別々に説明するよりも、同じ資料ですべて説明したほうが、はるかにわかりやすくなります。**資金繰り表をメインに、試算表や改善計画書を補足資料として活用すれば、より説得力が増します**。当然、すべての書類の整合性がとれていることが大事です。

資金繰り表はあらゆるお金の流れが「丸見え」になります。だからこそ、うまく説明できれば、相手を説得するための強い武器になるのです。資金繰り表1枚で、リスケの交渉を行うことが可能だと言ってもいいでしょう。

09 資金繰り予想は最も苦しい状況で設定する

次のようなケースがあります。

事例 ある社長は、創業10年の町工場を経営。関東に2工場、東北に1工場を持っていた。最盛期は売上が8億円あったが、徐々に下がり、2億5000万円まで落ち込んだ。そのとき借金は5億円まで膨れ上がり、手元資金はわずか10万円。普通に考えれば立て直しは不可能で、倒産は時間の問題だった。

しかし社長には「何があっても会社を立て直す」という強い意志があり、どうすればリスケを認めてもらえるのか、資金コンサルタントに相談した。

コンサルタントは、「2億5000万円の売上で黒字を出せるよう、資金繰りを改善しましょう。そのために資産を減らし、事業規模を縮小しましょう」と答えた。

社長は「いまは売上が落ち込んでいるが、また4億円くらいまで回復するかもしれない」と事業縮小に反対したが、そのコンサルタントは譲らなかった。4億円まで回復する保証など、どこにもないからだ。

リスケを申請するなら、楽観的な考え方はすべて排除しなければいけません。設備を最低限にして、いまの売上をさらに下げる要因がないかを調べ、この会社では楽観的な見込みを徹底的に排除しました。その間「設備をそこまで減らして、もし受注が増えたらどうするのだ」と考える経営者もいますが、そのときは自社でやらず外注すればよいのです。

これまでの実績を捨てる覚悟でリスケに臨む

経営者は「もしかしたら改善できるかもしれない」という夢を見がちです。厳しいようですが、資金繰りを確実に改善させたいなら、絶対に「以前の実績」を想定してはいけません。そうしなければ、「どれだけ努力をしても、これくらいの売上しか出せない」という現実を受け入れることができません。

まずやるべきことは、不確かな希望ではなく目の前にある確実なものだけで計画を構築することです。売上や受注が増えたら、そのときにまた考え直せばよいのです。

先に示したケースの社長は可能な限り資産を減らしました。工場を1カ所閉鎖し、残りの2工場のうちの片方も社員の3分の2をリストラして機械を売却し、操業能力を半分以下に落としました。ここまでやると銀行も「本気で立て直すつもりだな」と理解し、リスケの申請を通してくれました。3年間、返済がゼロになったのです。

現在は毎月の売上が2000万円、年間利益が1000万円あり、手元現金も3000万円まで増えました。2億5000万円の売上、1000万円の利益を出すという体質を維持し、安定して借金を返済しているため、銀行からの評価もよくなりました。

事業の改善によって、どれくらいの利益が出るのか。経営者が考えると、どうしても楽観的な夢物語になりがちです。そのままの気持ちで資金繰り表をつくると、説得力のない数字ばかりになってしまいます。**資金繰りの計画は、ビジネスが好転することを考えてはいけません**。特に新型コロナ禍など外部環境が厳しいなかでは、「売上はよくて現在のまま。半分に減ったとしても元には戻らない。それでも資金が回るようにするにはどうしたらいいか」を考えて資金繰り表を作成しましょう。

10 返済額は経営者の専権事項 自分で計算し、銀行に提示する

リスケをすると、新たな借入れは原則としてできなくなります（まったく借入れできないというわけではありません）。そのため、返済のお金は本業の利益からつくらなければいけません。

いくらなら無理なく返済でき、かつ黒字にできるのか。まず、次の計算を覚えましょう。

本業の利益＝「売上入金」－（仕入原価の支払い＋固定費の支払い＋利息の支払い）

これは資金繰り表での経常収支です。これがプラスにならなければ、返済に使えるお金はゼロです。つまりこのキャッシュフローが赤字のうちは、元金の返済を行うべきではありません。なぜなら手元預金が減少していくことが目に見えているからです。

利益の50%を基準に返済額を決める

経常収支が黒字に転じると、返済を猶予してもらっているうしろめたさから、利益を全額返済に充てようとする経営者がいます。また、銀行からも返済額を増やすよう求められます。しかし、新たな借入れが望めない状況では、その利益は貴重な手元資金です。すべて使ってしまうと、いつまでたっても資金繰りが改善しません。

そこで、経常収支がプラスになったあとは、利益の50%を上限として返済計画を組むことをお勧めします。まずは経常収支の30%、経常収支が安定してきたら50%を基本線にします。リスケが始まると、半年ごとや1年ごとに返済額を見直すので、そのたびに返済額を計算し直して経営者みずから提示します。

よく「銀行から提示された返済額は断ることができない」と思い込んでいる経営者がいます。しかし、**返済額を決めるのは銀行ではありません。リスケを申請した経営者であるあなたです。**

銀行は提示された返済額を見て「なぜこの金額になるのか」を尋ねます。資金繰りに無理が生じる場合は「その金額では返済を続けることができません」とはっきり伝え、いくらまでなら持続的に無理なく返済ができるのか、具体的な金額を提案することが大事です。

第三者の意見を取り入れる

返済額を決め、それを銀行に提示することは経営者の専権事項です。しかし一方で、リスケの依頼はもちろん、さまざまな書類を作成するときには、社長一人で作成しないことも大切です。

経営幹部や現場の社員、顧問税理士など、複数の人間に協力をしてもらいながら作成したほうが、銀行との交渉において、より納得できる書類になります。

事例 金属加工業を営んでいたAさんの工場は、顧客がすべて大手の上場企業だった。ところが世の中が不況になるにつれ、どんどん値下げを要求され、ついに資金が回らなくなった。そこで「値上げを要求し、材料も支給してもらう」という提案をコンサルタントから受けた。

Aさんは大反対した。

「そんなことをしたら、契約を切られて仕事がなくなる」

しかし、そのコンサルタントには、値上げ交渉をすれば相手企業は必ず受け入れるという自信があった。


コンサルタントの自信の理由は2つあります。

1つは、その会社が高い技術を持っていたこと。一本のパイプを磨く時間をストップウォッチで計測してみたところ、かなり早いことがわかりました。もう1つはライバルがいないこと。その地域で金属加工を行っていた他の工場がどんどんつぶれていったため、顧客が外注できるのはAさんの会社しかなかったのです。

もちろん、他の地方まで目を向ければ同種の金属加工業を営んでいる会社はたくさんあります。Aさんの会社よりも安い価格で外注を引き受ける工場もあるでしょう。

しかし、遠方に依頼をした場合、輸送費がかかります。それならば多少価格が上がっても、Aさんの会社に発注するほうが安くできます。

つまり、**Aさんの会社は誇るべき高い技術と需要があるにもかかわらず、単価設定が低すぎたのです。**

それなのに、Aさんが顧客と交渉できなかったのはなぜでしょう？「大手企業に対して町工場がそんなことを言っても、認めてもらえるはずがない」という思い込みでした。業界の間違った常識が染みついてしまっていたのです。

Aさんが顧客との交渉を行ったところ、こちらの条件をほぼ完全に認めてくれました。

銀行以外に取引先ともねばり強く交渉を！

リスケの交渉を行うとき企業努力が不可欠です。そして、銀行との交渉だけでなく取引先との交渉も欠かせません。

しかし、支払サイトの延長、回収サイトの短縮、値上げなどに関しては、経営者はとにかく「言いにくい」「言えない」と二の足を踏みます。その業界に長く関わっている人ほど、業界内の「常識」にとらわれてしまいがちなのです。

それは**第三者から見れば「非常識」**です。Aさんは「値上げなんてできるわけがない」と思い込み、選択肢から外していたため「どうしたら資金が回るようになるのかわからない」という状態に陥っていました。ところが値上げは可能であり、実現することで資金繰りの改善がスムーズに進んだのです。

資金繰り表を作成するときは、異なる業種、業界の外の人の意見を参考にすることも大事です。他業界・業種の素人ほど斬新なアイデアをもっているもの。起死回生の一手は、これまでにない新しい発想から生まれてくるのです。

第6章

ウィズコロナ・ポストコロナの資金繰り

新型コロナ感染症は消費行動にも大きく影響し、それは企業の生産活動やサービスにも大きく影を落としています。すべての業種・業界の企業業績が一様に大幅に悪化しているわけではありませんが、先の見えない外部要因だけに単純に「元に戻ってほしい」と願っているだけでは、体力のない会社の順に〝退場〟を迫られます。

その体力とは資金力・資金繰りです。そこで本書で折に触れて述べてきた新型コロナ禍・ウィズコロナ・ポストコロナの資金繰りについて章を設けてまとめました。

01 「元に戻る」という発想はせず、「売上の上げ方」から見直す

2020年秋以降のいわゆるウィズコロナ、ポストコロナ下における資金繰りをどのように捉えたらよいか。その大前提として考えておきたいことは、**お客さまや取引先との交流や取引が「元に戻る、戻ってほしい」といった発想では立ち行かない**ということです。

もちろん、会社そのもの、事業そのものは、少し前の言い方になりますが、ゴーイング・コンサーン、すなわち永続していくことが重要です。そう考えたとき、同じ事業を営み続ける経営もあれば、別の新規事業を創設する対応もあります。思い切って商売替えを行うこともあるでしょう。

いずれの選択をしたとしても、自社を取り巻く市場環境は、ビフォア・コロナの状態には戻らないことを前提に経営していくこと、その状況下で資金繰りに対応していくことが求められます。

どうやって売上を上げるか、ビジネスの原点から見直していく

お客さまや取引先との交流や取引が元に戻らないことを前提とする場合、資金繰りを考えるにあたっては、**どんな事業を営む場合も「どうやって売上を上げるか」、つまりビジネスの原点から見直す必要があります**。これまでにないまったく新しいビジネスモデルを編み出すことができればよいのですが、実際問題、そう簡単なものではありません。それでもあきらめず、経営者や役員、社員の知恵と力を結集して、一丸となってこれまでの事業を見直していくことが欠かせません。

資金繰りにおいても同様です。これまでと同様の事業、ビジネス展開を追求することはもちろん、どんな事業、ビジネス展開をしたとしても、元の資金繰りには戻らないことを前提に、あらためて資金繰りのあり方を模索し、資金が回るよう手を打っていくことになります。それは、ごく単純に言うと、年商10億円で資金繰りがスムーズだった会社が、たとえば年商5億円でも資金繰りが円滑に回るようにするにはどうしたらよいか、と検討することで

す。しかも、**その検討の猶予期間は、概ね半年から1年程度**。新型コロナ対策の緊急融資を受けた場合の返済を始めるまでの据置期間と考えてよいでしょう。返し始めるまでに、進むべき道の答えを出しておくということです。

事務所費、店舗費……その固定費は本当に必要か？

具体的にどう新しい資金繰りを組み立てていくか。このことについてはまず原点に戻る必要性を踏まえ、本書の第1章から第5章までに詳述しています。

資金繰りの見直しにあたって、その基本となるところは変わりません。たとえば、売上が半減した会社では、事業そのものに大鉈を振るうことになれば、それに応じた資金繰りを立てていくということです。これまでと同様の返済を行っていると事業が立ち行かないのであれば、資金繰り上はリスケを銀行に申し出て、再生の方法を経営者みずから銀行に説明することです。

本気で再生する意思があれば、銀行も再生の支援者としてあらゆる手立て・アドバイスを行います。

どのような見直し方をするにせよ、資金繰り上、共通して言えることは、**元に戻らないことを前提とした売上の上げ方を見極め、それに応じて固定費のあり方を見極める**ことです。複数の営業所や店舗などがあれば、その統廃合を行います。さらに本社を含めた全拠点における社員の働き方が変わるのであれば、当然ながらそれらに関わる事務所費、店舗費、人件費などを見直すことになります。

単純にこれまでの半分の人員・業容で行うべきだと言っているのではありません。何が自社にとってふさわしい経営手法なのかを見極め、それに応じた資金繰りに修正していくことが大事であるということです。

その資金繰りの見直しでは、当然のことながら冗費（ムダな費用）の節減が重要になってきます。その点で「その固定費は本当に必要なのか。削っても対応できる仕事の仕方をすべきではないのか」と1つひとつの費目についてチェックしていくことが重要でしょう。

人件費は変動費？　働き方が変わると資金繰りも変わる！

新型コロナ禍と期せずして同時並行的に進んでいたテーマに「働き方改革」があります。

かねてから言われてきたダイバーシティ経営（性別、人種、国籍、宗教、年齢、学歴、職歴などの多様性を生かし、企業の競争力につなげる経営上の取り組み）への対応も含まれますし、昨今は国連サミットで採択された持続可能な開発目標（ＳＤＧｓ）への対応要請も踏まえたものと言うことができます。

これらを中小企業としてどう捉えるか。少し迂遠《うえん》な話になるかもしれませんが、それぞれの経営者が会社を成長させていきたいと願う以上、避けて通れないテーマなのです。それこそ、元には戻れないいま、実質的に無利子無担保の融資を受けることができているいまは、自社にとっての働き方を再考する時期と言えます。

資金繰りの面から捉えれば、かねてから、従来はほとんどが固定費として扱われていた人件費を変動費化することの是非が問われてきました。端的に言うと、**人件費を売上に応じて変動するものと捉え、その発想に合致する働き方を社員に行ってもらう**ということです。

実はこのことは年配の方々には抵抗があるかもしれませんが、20代、30代の方々にはそれほど違和感のないことかもしれません。業種にもよりますが、積極的にリモート勤務を活用し、その場合には従来とは別の就業規則や人事制度を活用することも可能でしょう。昨今、副業時の残業の扱いが厚生労働省で審議のテーマとなっていますが、そのような国の対応を待つのではなく、先んじて自社で話し合って決めて対応するのです。フットワークの軽さが中小企業の武器であるなら、人事への対応も臨機応変であるべき。「**新しい働き方は中小企業から生まれる**」くらいの気概を持って取り組んでいただきたいと思います。

働き方が変わり、人件費の変動費化がウィズコロナ、ポストコロナの時代に進展すれば、資金繰りのあり方も変わってきます。年間の資金繰り表を作成する際、「固定費部分は変わらないものとして同じ数字を入れておく」と前述しましたが、その金額は従来の半分や3分の1程度でもよい会社が出てくるはず。その代わり、需要予測とともに変動費の予測の重要性が増してきます。これが「これまでと同じ資金繰りではいけない」と言うことの一例です。

仕入れと販売、ビジネスモデルの変革によって変わる資金繰り

仕入れや販売も同様です。元に戻らないことを前提とすれば、仕入れのあり方も従来と同じわけにはいきません。適正在庫の考え方が変わり、仕入れルートがより短縮化されるケー

スも出てくるでしょう。そうなれば、支払いサイトなどの取り決めも変わってきます。前述のように、ゼロベースで仕入先と最初から見直し、交渉することも必要でしょう。

販売も同様に、よりふさわしい販売先との関係を築き直していく必要もあります。いまは仕入れから販売まで、物流やサービスも含めてサプライチェーン全体で新しい対応を構築していく時期なのです。

サプライチェーンの各社が新しいビジネスモデルを模索し、構築していく時期に、自社だけが「元に戻ってほしい」と考えていたら、完全にそのサプライチェーンから脱落します。それでは中小企業の経営者が創業から心に抱いていた「社会に貢献する」「社会課題を解決する」といった志も実現できません。**「変わるべきは自社から」であり、その変革に応じた資金繰りを考えていかないといけない**のです。

02

国や自治体、関係先からの情報感度を高めよう

ウィズコロナ、ポストコロナでの資金繰りにおいては、従来にも増して情報収集の感度を高めておくことが欠かせません。従来、資金繰りに関しては、とかく面倒で、手間がかかるものと考える中小企業が多かったようです。ところが、これから先のウィズコロナ、ポストコロナの経済活動において、資金繰りの重要性が以前の10倍、20倍にも増していくでしょう。その重要性を理解すればするほど、情報収集の大切さも理解できるはず。高めた情報感度に裏打ちされた資金繰りは、まさに〝攻めの資金繰り〟と言っていいものです。

経産省、中小企業庁、金融庁、自治体のホームページを細かくチェック

情報感度を高めるために最初に取り組みたいことは、**国や関連省庁、また自社が拠点を置**

く自治体などのホームページで、資金繰りに関わる情報を細かくチェックすることです。関連省庁としては経産省や中小企業庁、金融庁が挙げられます。場合によっては、厚労省や国税庁の情報も有益なケースがあります。

新型コロナ対策関連の融資や助成金・補助金制度についても、基本は国や関連省庁の発表に合わせて新聞やTVのニュースで取り上げられます。広く市民にとって優先順位の高いとは言えない情報は、新聞やTVでは報道されないケースもあります。それらマスコミ報道に準じてウェブのニュースサイトでも紹介されるのが実情で、これを外れたネット情報に関しては、いわゆる〝飛ばし〟ニュースであったり、個人の判断による情報であったり、また、自社サイトへの誘導が目的であったりするケースもあり、不正確なものも散見されます。

そのような状況のなかで確定情報を迅速に正確に入手するには、もととなる**関連省庁の発表する情報がいちばん**だと言ってよいでしょう。

経産省・中小企業庁のホームページを見れば、新型コロナ関連の経済対策・補助金などの内容がこと細かく載っています。金融庁のホームページを見れば、新型コロナ関連の融資制度などの内容が細かく載っています。また、自治体のホームページも同様です。経済対策や融資制度の手続き面は各自治体に委ねられているケースも多いのです。

また、最近では日本政策金融公庫の資本性劣後ローンという商品も出始めました（金融庁では「資本性借入金」として対応してきた仕組みと同種のものです）。利用している会社が何社あるか明確にはわかりませんが、検討する価値はあります。必要に応じて最寄りの公庫窓口に相談してみましょう。

通常、銀行などから融資を受けた借入金は負債として扱われますが、資本性劣後ローンは、銀行の融資審査においては純資産（自己資本）とみなされる借入金です。一定の要件はありますが、資本性劣後ローンを活用すれば、会計上は負債ですが、銀行からの評価は自己資本として扱われます。伸びている会社のなかには、このような返し方に興味を示す会社もあるはずです。

これらの情報はホームページに一度載ったらそのままではなく、日々更新されています。経済対策・制度そのものや期間・金額などの変更が行われるつど更新されているのです。

「これらのサイトを毎日つぶさにチェックすべき」とまでは言いませんが、せめて**週に1回くらいは全体を眺めてみて、いまどのような対策・制度が行われて、どんな変更点があるのかはチェックすべき**。見逃していたものに、自社の資金繰りの好転に有益なものがあるかもしれません。

なお、厚労省は、社員の雇用や育成、いわゆるヒトに関わる助成金を網羅的に扱っている省庁で、その内容をチェックするために重要です。また、国税庁は、いわば会社のお金の税務対応情報について日々更新しています。

使えた節税法が今後使えなくなる、税務の観点からあいまいな処理をしていた部分が明確になったなどの情報も、基本は国税庁のホームページの通達によって明らかになります。正しく節税スキルを身につける意味でも、機会を見つけて確認してみましょう。

雇用調整助成金、ものづくり補助金などの活用に慣れておく

本書では、意図して個別の助成金や補助金の制度（それらを含めて、ここでは助成制度と言います）に関しては触れていません。新型コロナ感染症に関連した助成制度の増額や要件緩和などの〝第1弾〟の対応は、2020年春の緊急事態宣言発令の前後に概ね発令され、読者の皆さんが本書をお手元にする時期にはその期限が終了していることも多いからです。

しかし、会社の資金繰りをうまく行うために、こうした助成制度を有効活用する意義は変

わりません。第2次、第3次と補正予算が矢継ぎ早に組まれ、期限の再設定・延長などが行われるケースもあります。特に補助金は補正予算によって第○次募集などと追加募集、再募集が行われます。受ける会社側が情報入手に努めないと、見逃してしまう可能性もあります。

そのなかで厚労省が管轄である雇用調整助成金、経産省・中小企業庁が管轄であるものづくり補助金などは業種を問わず幅広く活用され、制度の拡充・継続や再募集も頻繁に行われています。ですから、新型コロナ禍の影響の程度にかかわらず、申請を検討してみるとよいでしょう。

その際、**大事なのは安易に申請代行業者に依頼せず、自社で申請してみること**です。助成制度は要件がわかりにくく提出する書類も多い。そのため敬遠しがちな会社もありますが、それではいつまで経っても助成制度の申請スキルが社内に蓄積しません。その点、自社で助成制度を申請し、助成制度の活用に慣れていけば、制度の更新・拡充情報も身近に感じ、情報を入手することの負担感も少なくなるでしょう。

なお、助成制度に関しては、法外な手数料をとる代行業者もいます。「なんでもやってくれるから」と、ついそうした代行業者に頼む経営者もいますが、資金繰り上は、本来入ってくる助成額のうち手数料分の額が入ってこないことにもなり、もったいないこと。ぜひとも自社で申請するクセをつけていただきたいと思います。

すべて自社ではできないことも多いことから、顧問税理士、顧問社労士、コンサルタントなどの情報ネットワークを構築しておくことが必要です。そのうえで極端に言えば、**新しく社員を雇うとき、高齢者を再雇用するとき、「その社員に支払う給与の一定部分は助成制度でまかなう」**くらいの対応だと、中小企業においては資金繰りがかなり楽になります。

また、何か新しい生産設備を導入するときやＩＴ機器を整備するとき、販売ルートに通販を導入するときなど、自社にとって新しい取り組みを始める際は、常に必要資金の一定部分を国や自治体に対応してもらうようにします。

大雑把なもの言いですが、いまは生産効率を上げるための投資額の半分は助成されると考えていいでしょう。このことによっても資金繰りが改善します。

自分のお金だけを使って自分がやりたいことをやるという対応は限界もあり、本来のビジネスとは言えません。資金繰り表、決算書を踏まえて言えば、自己資本に加えて他人資本をどう集め、それをどう有効活用すれば、経常収支が安定的にプラスに維持できるか。こうした観点に立たないと、経営者の理想である社会への貢献は実現できず、社員と社会に幸せをもたらすことも実現できないのです。

助成制度を早く確実に活用するために中小事業者ができること

各種の助成制度の活用に慣れておけば、申請手続きがスムーズにできるだけはなく、別の効用もあります。

助成制度に素早く確実に対応するには、常にその申請根拠・裏づけとなる経営数字に関する資料を用意し、自社の資金繰りがいまどのような状況であり、今後どう推移するかを経営者自身が熟知しておくことが欠かせませんが、それができるのです。そのためにも、資金繰り表を作成し、日頃から資金の推移に応じて見直しておくことが大事です。

今後の資金状況を押さえておけば、いつ、どんな対策を打ったらよいか、そのための資金はどう調達するのが最適かがわかるようになります。最適な資金調達を行うことの重要性は新型コロナ禍であっても変わらないのです。

03 小さな会社でもすぐに資金化できる資産を増やす

中小企業、特に小規模事業者においては、年間の資金繰り表を作成し、日々資金管理していくと言ってもなかなかそれができない、する気持ちにならない実情があるでしょう。そうした小規模事業者でも、次の2つのことだけは心がけていただきたいと考えています。

共済、生命保険……資金化しやすい資産とは?

第一に、**すぐに資金化できる、すなわち現金にできる資産を増やしておく**ことです。経営セーフティ共済については前述したとおりですが、そのほかにも国の共済制度には小規模企業共済があります。これは厳密にいうと会社の資産に計上するものではありませんが、たとえば一般貸付けだと掛金の範囲内（掛金納付月数により掛金の7~9割）、10万円以上

2000万円以内（5万円単位）で借入れできます。もちろん一般貸付けのほかにも「緊急経営安定貸付け」「創業転業時・新規事業展開等貸付け」など事業資金としての貸付けも用意されています。ちなみに、利率は2020年10月現在、一般貸付けで1・5％です。

支払い時に預金残高が1円でも不足していると、資金ショートを起こす。このことに会社の規模の大小は関係ありません。ただ、小規模事業者においては、「今月末の30万円、100万円を支払う用意ができない」という状況がありがちなのも事実です。このようなとき、経営者個人の預金や個人カードのキャッシング、親族からの借入れなどにより穴埋めするケースもあるかもしれませんが、何の解決にもなりません。

その点、たとえば小規模企業共済から受けた貸付けで対応できれば、資金ショートを切り抜け、100万円以下であれば半年か1年、505万円以上であれば最大5年間の時間的猶予が与えられることになります。

結局、小規模企業共済から受けた貸付けも一般貸付けの場合は会社が返済するのではなく貸付けを受けた経営者個人が返済することになります。しかし、その完済までの期間（6カ月または12カ月の場合は期限一括償還で、24カ月・36カ月・60カ月の場合は6カ月ごとの元金均等割賦償還）で、自社の資金繰りに関して「きちんと対応していかないといけない」と反省もできるでしょう。

その際には、小遣い帳のようなものでよいので、簡単な資金繰り表をつくっておきましょう。毎月の入金と出金、残高を示す程度で、当月末は実績となり翌月以降は予定となります。これで1年間を一覧表にしておけば、入出金予定が把握できます。この資金繰り表作成の最初の一歩を踏み出すことが、売上以上に資金に関心を持ち、その関心を高めていくことにつながります。

「新型コロナ禍でも伸びているビジネス」にヒントが満載

小規模事業者でも心がけたいもう1つの視点は、**他社のビジネスにおける資金繰りに関心を寄せること**です。新型コロナ禍であっても、全産業の経営状況が一様に悪化しているわけではありません。伸びているビジネス、持ちこたえているビジネスもあります。

たとえば、テイクアウトへ業態転換する飲食業や顧客を選別してきた高級寿司店、単身赴任の解消や事務所移転に特化した引越し業などです。一般的にはそうしたビジネスそのものに関心が高まりますが、視点を変え、そのビジネスの資金繰りに関心を寄せてみるのです。

すると、自社と類似した業種・ビジネスでも仕入れや販売ルートが自社とはまったく異なるケースがあり、回収サイトや支払いサイトも異なるケースがあるはずです。顧客からの入金対応についても、手法が従来とは異なるケースもあるでしょう。たとえば生産者と直接的な流通ルートを構築するとか新しいキャッシュレスのしくみを取り入れるといったことがありますが、これらの具体的な手法は経営者自身が積極的に情報収集していくべきことです。

思い切って発想を転換すれば、資金繰り主義を前面に掲げ、まず、うまく資金繰りが回ることを優先し、その資金繰りに見合うビジネスを展開していくという考えもあります。フットワークの重い大手がこの発想で事業転換を図れば、数年かけて展開するか、子会社・別会社化して事業を進めないといけません。しかし、フットワークの軽い小規模事業者なら、やる気になれば明日からでもできるはず。こうして生まれた新しいビジネスのなかに、商材や技術・サービスとして経営者自身が手がけていきたいと考えていたコト、モノを盛り込んでいく視点を持つべきでしょう。

いずれにせよ、ウィズコロナ、ポストコロナの資金繰りは、これまでとは異なる視点から見直していくことが欠かせません。それが実現できた会社だけが、資金繰りがうまく回る会社、すなわち伸びる会社になっていくのです。

あとがき

新型コロナ禍、ウィズコロナ、ポストコロナにおいて企業活動にも新しいキーワードが見られます。私たちは、それを「分散」「非接触」「トレーサビリティ」と捉えています。

分散とは顧客や販売先、また仕入先などの集中化を防ぐとともに、社員の本社勤務による集中を分散化させることです。たとえば、在宅勤務体制の整備などがこの分散に該当するでしょう。

非接触とはオンライン取引やキャッシュレスなどのビジネスモデルをより一層、浸透させていくことです。非接触というテーマを追うことは、企業のＩＴ投資の促進にもつながっていきます。

トレーサビリティとはひと言でいうと、履歴をたどれるということです。数年前から生産者が誰かという表示が農産品では重視されるようになってきました。また、ＩｏＴやキャッシュレスも、誰が利用し購入したのかをたどる意味でも重要な仕組みです。さらに、新型コロナ対策では政府が進める「新型コロナウイルス接触確認アプリ」に見られるように、今日、ヒト・モノ・カネすべての履歴をたどることが当たり前の時代になっています。

こうした傾向は社会全体に浸透しているので、国や大手だけで対応すればよいことではありません。中小企業も直面する課題なのです。「中小企業だからできない、無理」ということは通用しません。中小企業でも、この3つのキーワードに対して自社では何ができるのかを考え、取り組んでいかなければならないのです。

会社の資金繰りも、この3つのキーワードを受けて変革を求められることになります。はたして、これまでの資金繰りの対応で変革すべきところはどこか。事業の変革が進めば、集中的に投資すべきところ、支出を見直すべきところが山のように出てきます。

それを、どう組み替えていくべきか。それは中小企業の経営者・資金繰り責任者の腕の見せどころ。経営者や資金繰り責任者自身の自己変革が欠かせない時代になっているのです。

資金繰りを支援する
士業の会

児玉《こだま》　博利《ひろとし》

代表社員　税理士

税務申告・相談業務に携わりつつ、経営計画策定指導をはじめ、マーケティング・人材育成・資金繰り管理・金融機関対策など、お客様の発展のために幅広くサポートを行っております。資金繰りに不安や悩みがある方はお気軽にご相談ください。新型コロナに負けない強い会社を目指しましょう。

【税理士法人　児玉税経】
〒 320-0851
栃木県宇都宮市鶴田町 3086-2
TEL：028-633-8720
URL：http://www.k-zeikei.or.jp/

【札幌支店】
〒 060-0061
札幌市中央区南一条西 10 丁目 4　南大通ビルアネックス
TEL：011-212-1626
URL：https://www.sapporokaikei.jp/

堀越《ほりこし》　誠《まこと》

税理士

群馬県太田市を中心に、「開業・創業支援」に力を入れている会計事務所です。「創業融資」や、経営者の一番のお悩み事である「資金繰り」を積極的に支援しております。初回無料相談（60 分）を実施しております、お気軽にご連絡下さいませ。御社の成長と利益のために、誠実に対応いたします。

【堀越まこと経営会計事務所】
〒 373-0818　群馬県太田市小舞木町 302 トラストビル 4 階南
TEL：0276-55-2671　FAX：0276-55-2672
E-mail：info@horikoshi-kaikei.com　URL：https://horikoshi-kaikei.com/

杉山《すぎやま》　盛重《もりしげ》

税理士・中小企業診断士

一般的な税金計算はもちろん中小企業の経営支援を得意とする新しいタイプの会計事務所です。原理原則に則った正しい経営ができるように経営者様を導き、中小企業の明るい未来を創るお手伝いをする会計事務所です。

【杉山盛重税理士中小企業診断士事務所】
〒 211-0053　神奈川県川崎市中原区上小田中 3-23-41 イニシア武蔵新城 103 号室
TEL：044-789-5079　FAX：044-754-7247
E-mail：info@sugiyamaoffice.jp　URL：http://sugiyamaoffice.jp/

石渡《いしわた》　浩《ひろし》

CCIM（全米認定不動産投資顧問）

2007年、慶應義塾大学大学院経済学研究科　修了。同年石渡住宅サービス㈱（現商号:ベターライフプロパティ㈱）を設立し代表取締役に就任。20 億円の中古収益不動産を銀行借入により購入して賃貸経営する事業を行う。2016 年、同社の全株式を約 5 億円で株式譲渡し同社を上場会社の連結子会社にして、代表取締役を辞任。
2009年より他の同業者に資金調達に関する情報提供等を開始し、現在、中小企業向けに銀行借入・補助金・資産運用・M&A・不動産投資のセミナー開催と相談対応業務を行う。

【石渡ファイナンシャルプランニング事務所合同会社】
〒 251-0028　神奈川県藤沢市本鵠沼 1-7-15
TEL：0466-65-1092　FAX：050-3730-1673
E-mail：sales@fudosan-toshi.org　URL：http://ishiwatahiroshi.com/

浅野《あさの》　芳郎《よしろう》

税理士・行政書士・宅地建物取引士

「日本一親切でやさしい税理士事務所」を理念とし、税務だけでなく、社長とともに成長する伴走者として経営全般を支援する、とことん親身な税理士事務所です。効果的な節税対策や、経営革新等支援機関として経営計画策定、資金繰り、融資サポートなどを得意としています。お客様のニーズに合わせた節税対策で、会社基盤を強固なものにしませんか。初回相談は無料でお受けしていますので、まずはお気軽にお問合せください。

【税理士法人　浅野会計事務所】

〒 452-0943　愛知県清須市新清洲二丁目 9 番地 13　千成ソミュール
TEL：052-408-0280　FAX：052-408-0285
E-mail：asano-kaikei@tkcnf.or.jp　URL：https://www.asano-kaikei.jp/

田中《たなか》　信行《のぶゆき》

税理士

平成 11 年税理士登録後、平成 12 年事務所を開業。
経営者の一番のお悩み事である「資金繰り」を、豊富なノウハウと的確なアドバイスでしっかりサポートします。資金繰り管理や融資に関する無料相談もおこなっていますので、お気軽にご相談ください。

【田中信行税理士事務所】

〒 589-0012　大阪府大阪狭山市東茱萸木 1-1757-259
TEL：072-365-6527　FAX：072-365-6538
E-mail：tnobu@mint.ocn.ne.jp　URL：http://minamiosaka-setsuritsu.com/

野田《のだ》　高士《たかし》

税理士・中小企業診断士

財務・資金繰り改善アドバイザーとして、経営者様が本業に専念していただけるようサポートさせていただきます。金融機関が貸したくなるような会社にするためには、経営体質、財務体質を改善していくことが大切です。無料相談を行っておりますので、お気軽にご相談ください。

【野田高士税理士事務所】

〒 540-0026　大阪府大阪市中央区内本町 1-1-8　アプリコ 801
TEL：06-6314-6235　FAX：06-6314-6235
E-mail：nodatakashizeimu@gmail.com

曽禰《そね》　雄輝《ゆうき》

税理士

創業融資を初めとした創業支援を開業後数年で 100 件以上行っています。創業支援に加え、創業期を過ぎて成長期に入った中小企業の資金繰り対策、資金計画の策定等の財務顧問に強みがあります。
税理士に税務だけでなく、財務などの経営アドバイスを求めている方は是非一度、お気軽にご連絡ください。

【曽禰会計事務所】

〒 651-0084　兵庫県神戸市中央区磯辺通 2-2-10　one knot trades ビル 4F
TEL：0120-70-3481　FAX：078-862-3491
E-mail：common@saf-kobe.com　URL：https://kobe-kouko-yushi.com/

玉置《たまき》　正和《まさかず》

税理士

国内大手税理士法人で法人・個人の税務顧問や相続・事業承継業務に従事。製造業や建設業、広告業などの税務アドバイザーとして関与する。27 歳の時に出身地である奈良県桜井市でたまき会計事務所を開業。現在は全国の中小企業を対象に税務、経理業務の効率化、経営状況の見える化をサポート。
クラウド会計や IT ツールの活用を得意としている。

【たまき会計事務所】
〒 633-0001　奈良県桜井市三輪 680-1
TEL：070-5026-4145
E-mail：info@tamakitax.com　URL：https://tamakitax.com/

【監修】
徳永貴則（とくなが・たかのり）
株式会社スペースワン代表取締役
1972年佐賀県出身。明治大学政治経済学部を卒業し、大和銀行（現りそな銀行）に入行。都内を中心に法人店舗にて主に法人融資先の新規開拓業務を行ってきた。本店融資部での経験もあり、審査部門での経験も豊富にある。2000社ほどの融資に携わった経験を活かし、株式会社スペースワンを立ち上げ独立。企業の「資金繰りアドバイス」にフォーカスを当て、事業再生や経営改善のアドバイスを行っている。中小企業のみならず、税理士をはじめとした士業をクライアントとし、顧問先への助言、全国にて講演活動を行っている。教科書的な経営指導、融資アドバイスではなく、経営者にわかりやすく実践的なアドバイスに定評がある。
株式会社スペースワン
https://financial-advise.net

【共同監修】
資金繰りを支援する士業の会
会社経営で重要な「資金繰り」は経営者にとって一番のストレスといわれています。この「資金繰り」を豊富なノウハウと的確なアドバイスで支援しています。

【著】
エッサム
昭和38（1963）年の創業以来、一貫して会計事務所と企業の合理化の手段を提供する事業展開を続けております。社是である「信頼」を目に見える形の商品・サービスにし、お客さまの業務向上に役立てていただくことで、社会の繁栄に貢献します。

※本書の内容は2020年10月時点の情報をもとに作成しておりますため、
今後変更になる場合がございます。あらかじめご了承ください。

売上《うりあげ》が半分《はんぶん》になっても慌《あわ》てない！
中小企業《ちゅうしょうきぎょう》の資金《しきん》繰《ぐ》り

〈検印省略〉

2020年 11 月 28 日 第 1 刷発行

監 修 者――徳永貴則
共同監修者――資金繰りを支援する士業の会
著　　者――エッサム
発 行 者――佐藤和夫

発行所――株式会社あさ出版
〒171-0022 東京都豊島区南池袋 2-9-9 第一池袋ホワイトビル 6F
電　話 03 (3983) 3225 (販売)
03 (3983) 3227 (編集)
F A X 03 (3983) 3226
U R L http://www.asa21.com/
E-mail info@asa21.com
振　替 00160-1-720619
印刷・製本 三松堂(株)

facebook http://www.facebook.com/asapublishing
twitter http://twitter.com/asapublishing

ISBN978-4-86667-246-5 C2034